零基础写作变现

用一年时间，写出好作品

刘丙润

著

化学工业出版社

·北京·

图书在版编目（CIP）数据

零基础写作变现：用一年时间，写出好作品 / 刘丙润著．—北京：化学工业出版社，2024.7

ISBN 978-7-122-45651-9

Ⅰ．①零…　Ⅱ．①刘…　Ⅲ．①写作学　Ⅳ．①H05

中国国家版本馆 CIP 数据核字（2024）第 096834 号

责任编辑：葛亚丽　　　　装帧设计：水玉银文化

责任校对：李露洁

出版发行：化学工业出版社（北京市东城区青年湖南街 13 号　邮政编码 100011）

印　　装：三河市双峰印刷装订有限公司

880mm × 1230mm　1/32　印张 4½　字数 100 千字　2024 年 7 月北京第 1 版第 1 次印刷

购书咨询：010-64518888　　　　售后服务：010-64518899

网　　址：http://www.cip.com.cn

凡购买本书，如有缺损质量问题，本社销售中心负责调换。

定　　价：28.00 元

序言

写出好作品，用一年时间足矣！

大多数人都有表达的欲望，而写作几乎是所有“表达欲望”中门槛最低的，这也是我撰写本书的初衷，这是一本工具书，是我在多年的写作实践中总结的方法论。

我有一批年卡学员，他们按照这本书的方法、逻辑学习写作，其中很多人仅用了一年时间就掌握了精髓，实现了写作变现。从千字 30 元的保底稿酬，到几十万粉丝的小 IP，甚至还有一些学员成功出版了自己的第一本书。同时，更多的学员则是通过写作来满足自己表达的欲望，实现副业变现。

在教学过程中，很多粉丝会问我：“同样是写作，为什么我已经写了很多年都没有获得收益?”还有一些粉丝表示，“我不希望把写作和收益结合在一起，那样显得过于功利了。”对于这两种想法，我是这样理解的。

写作并不意味着一定能变现，即便大家读完这本书，我也无法保证每个人都能通过写作获得收益，但是通过系统训练，可以有效提升写作变现的概率。关于写作是否要变现的问题则因人而异，但我始终相信，如果写作能够获得收益的话，将会是一个非常好的驱动力，让写作这件事可以坚持更久，写作者本人也会不断精益求精，提升自己的写作技巧。

通过本书的学习，读者会学到 21 种常见的写作变现模式，我把 21 种写作变现模式进行了拆分，并且为每一种模式都规划出一条完整的写作变现产业链，帮助读者以一年为周期制定写作变现规划，尽最大可能实现写作变现的目的。

目录

第1章 写作行情 ——21种写作变现模式解析

第2章 写作变现的底层逻辑之一 ——如何打造趣味性？

第3章 写作变现的底层逻辑之二——如何提升文笔？

第4章 写作变现的底层逻辑之三——如何确定方向？

第5章 流量类选题方向定位法详解

第6章 流量类写作规划——用一年时间，成为优秀斜杠青年

第1章

写作行情

——21种写作变现模式解析

常见的写作变现模式共21种，这里的“21种”是指普通人能在短期内掌握且获得收益的模式。例如低门槛的免费网文和新媒体文，以及高门槛的剧本杀和图书出版。

当然，除了这21种写作变现模式之外，还有多种其他写作变现的模式。但因种种原因，这些模式往往是大多数写作者难以触及的，而本书的主旨则是“用一年时间，写出好作品”，因此结合多年的教学经验，甄选出21种写作变现模式进行重点讲解。

21种写作变现模式又分为三大类。

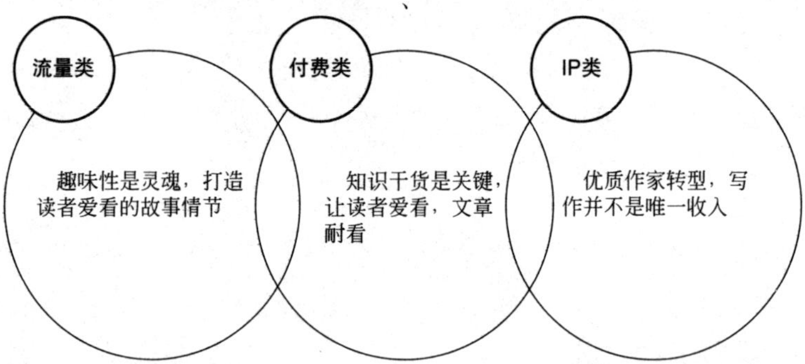

1.1　流量类——趣味性是灵魂，打造读者爱看的故事情节

21种写作变现模式中，流量类是最适合新手写作且短期内最容易看到成绩的。也就是说，只要有流量就有收益。为了

便于大家理解，给大家看一下我的一个百家号“刘丙润”在过去两年时间的总收益。

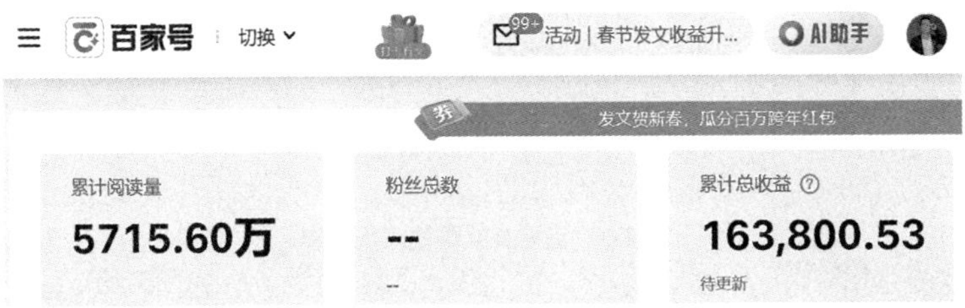

该账号平均每个月可以实现 4000 元的收入，而且这只是一个账号的图文收益。在图文内容创作时，是允许多平台分发以及多平台、多账号注册运营的，这就意味着作为一位成熟的图文内容创作者可能拥有 3 ～ 5 个百家号，且每个百家号创作的内容又可以同步到头条号、公众号等多家自媒体平台，所带来的总收益远不止这个数。

一些小伙伴看到这个收益，可能已经跃跃欲试了，甚至这本书还没读完，就急着注册百家号，也希望实现月入数千元的写作梦。先不要冲动，我再给大家看另外一张图。这是我的一位学员在过去一年时间创作近百篇文章的百家号总收益。

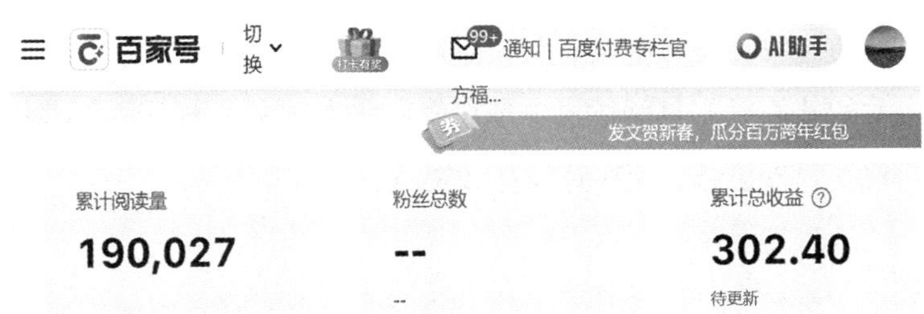

都是写流量文，为什么差距如此之大？

首先，我们需要明白流量类写作究竟包括哪几类，然后再通过抓细节、做归类，得出流量类文章的基本属性，以基本属性作为发力点，才能写出“叫好又叫座”的图文内容来。

流量类文章可以分为以下八大类，见表 1-1。

表 1-1 流量类文章的八大分类

类别	说明
流量文	在今日头条、百家号等多家新媒体平台注册并发表文章，有流量就有收益
免费网文	在番茄、七猫等平台注册并发表小说，有人看就有收益
付费网文	在起点、咪咕、逐浪等平台注册并发表小说，读者订阅和打赏占收益大头
投稿	在公众号、今日头条、百家号等多家自媒体平台的个人或企业账号上投稿，以此来获得收益
短故事	在知乎、网易、今日头条等多家自媒体平台发布趣味、诙谐、幽默、好玩、悬疑等多种风格的小故事，吸引读者阅读，以此来获得收益
图文带货	在今日头条、百家号、公众号等多家自媒体平台发布挂载商品的文章，通过用户购买来获取佣金
图文转视频	通过百家号的 AI 成片、字节跳动的剪映等软件将文章转换成视频，在各大自媒体平台发布，以此来获得流量收益
征文	参加快传号、今日头条、公众号、知乎等多家自媒体平台发布的征文活动，一般以流量和质量来判断是否获奖，获奖后能获得平台的现金激励

通过对上述八种流量类文章进行拆解，很容易发现流量类文章的核心元素是阅读量。现在我们跳出图文写作，站在读者的角度分析，读者更愿意读什么文章呢？

趣味性文章！

文章想要让读者爱看且文章本身耐看，就必须保证内容足够有趣，能勾起读者的阅读兴趣。我在多年写作生涯中总结了一整套勾起读者阅读兴趣的公式：

文章趣味性 =（独特性 / 个人化 + 悬念与冲突 + 幽默感 + 细节描写）× 情感共鸣 + 知识性 + 互动性 + 逻辑性

为了便于读者理解，现拆解如下，见表 1-2。

表 1-2　文章趣味性内容拆解

独特性 / 个人化	在内容创作时，有自己独特的表达方式，比如用俗语、俚语、歇后语，或以第一人称创作，通过这种方式来吸引读者
悬念与冲突	内容创作过程中增加人与人、人与物、物与物等多角度、多方位的矛盾、冲突和悬念，以此来吸引读者
幽默感	通过刻画画面或塑造人物形象，提高读者的阅读兴趣
细节描写	通过对人物、对场景、对情节的细节描写，让文章更具逻辑感，更具可读性
情感共鸣	通过扩大覆盖面或换位思考的写作技巧，引发读者共鸣，让读者感同身受
知识性	文章中包含足够有价值的信息，能让读者在阅读时学到新知识
互动性	通过在文章中间或结尾部分对读者进行提问，并邀请读者在评论区进行互动的方式来提高文章的爆款概率
逻辑性	文章的观点和论证以及文章的选题和立意要连贯，不能前后冲突、自相矛盾，以便于读者更好地阅读内容

当我们能保证每篇文章都具有趣味性，就意味着我们打造了一篇又一篇读者爱看的流量文章，距离实现图文变现，就只剩下勤奋和努力了。

1.2　付费类——知识干货是关键，让读者爱看、文章耐看

在 21 种写作变现模式中，付费类文章最适合写作老手且

短期没有 IP 规划的图文内容创作者。

以下是我的一个百家号“刘丙润”在前几年做软广的案例。

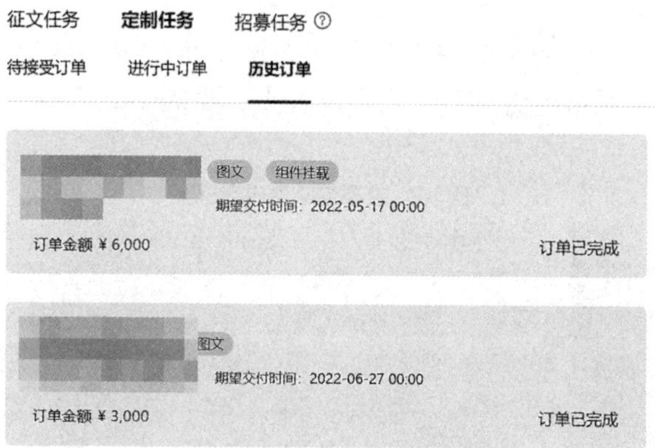

不难发现，参加一次商业合作带来的实际效益并不算低，而上图的商业合作案例仅仅是过去几年中我们参加的价格较低、性价比也偏低的单子，如果是为企业做宣传文案或宣传稿，带来的实际收益会更高一些。

付费类写作可以分为以下七大类，见表 1-3 所示。

表 1-3　付费类文章分类

读书	通过举办线上或线下读书活动，包括但不限于读书分享会、专题讲座等，与书籍作者或出版社合作，获得分佣收益。
影评文案	通过对电影、电视剧，尤其是当下爆火的影视剧做推广性质的文案来获得广告收益。
拆书稿	将一本书籍的精品内容拆解出来，供读者去阅读，在拆书的过程中往往会与出版社、书籍作家深度链接。
荐书稿	通过图文方式向大家推荐值得阅读的书籍，以此来获得广告费用和佣金分成。

续表

软广	将需要介绍的广告隐蔽地融入文章中，让读者在阅读时不自觉地接触广告信息，以此来获得植入广告费用。
硬广	直截了当地做广告宣讲，通过对某款产品的文字介绍来获得品牌合作方的广告费用。
宣传稿	通过推广某个活动、介绍某款产品或为某个企业撰写文案的方式来获得稿费收入。

付费类的文章往往和商业性有关联，无论是为企业、为品牌还是为个人，做广告都离不开“商业”两个字。也正因此，付费类的写作变现比流量类的写作变现难度更大一些。

比如某企业希望你写一份软广，帮助宣传该企业最新研发的科技成果，并在市场上引起读者重视和认可。如果软广文案写得好，双方之间合作共赢，一旦写不好就很有可能给企业和个人带来负面影响。

那么，如何能够写好付费类作品呢？我总结了 4 个字——知识干货。

知识干货 = 准确性 + 完整性 + 清晰性 + 实用性 + 权威性 + 案例分析 + 互动性 + 引用来源

具体释义见表 1-4 所示。

表 1-4　知识干货释义

准确性	内容创作过程中必须输出准确话术，不能采用模棱两可的“大概”“或许”“可能”等模糊话术来误导读者。
完整性	内容创作要囊括完整的点，这个点既可以是产品的宣传点，也可以是选题的核心点，不能说一半藏一半。
清晰性	语言逻辑要精简，内容创作要干练，知识类内容要让读者一眼读懂、读通、读透。

续表

实用性	文章创作过程中要考虑利他性，要让读者明白，读这篇文章我能获得什么，购买这个产品对我有什么样的帮助。
权威性	引用权威人物的权威数据或相关企业的官方数据来增加文章的可信度。
案例分析	为避免文章过于抽象，可以增加相关案例，但案例要保证真实有效。
互动性	通过在文章中间或结尾部分对读者进行提问，且邀请读者在评论区进行互动回答的方式来提高文章的爆款概率。
引用来源	引用权威人物对话、重要的知识点、相关联的数据时，要在文章结尾处增加数据来源。

当我们让每一篇文章都成为知识干货，就意味着我们打造了一篇又一篇读者爱看的付费类文章，距离实现图文变现，就只剩下勤奋和努力了。

1.3 IP类——优质作家转型，写作并不是唯一收入

在21种写作变现模式中，IP类是最适合有特长且持续热爱某领域的专业人士进行图文创作的。同时，因为IP类的特殊属性，导致其在短期内根本无法看到成绩，长期来看只要能出成绩，一般都会给个人带来很大影响，包括个人品牌、影响力、收益，等等。

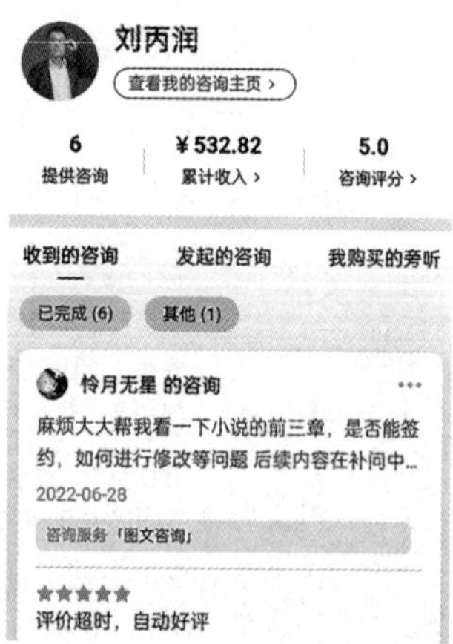

以我的一个知乎号“刘丙

润”举例，这是前几年付费咨询的案例。

因为在知乎做付费咨询需要耗费大量时间，所以我只在 2022 年为了教学员，在知乎开通付费咨询做了几个小测试。虽然上方截图显示的收益不太可观，但知识付费是值得长期深耕的领域。例如下图是知乎某位博主接受咨询的次数——3910 次，每次咨询的单价是 58 元，截至目前，其总收益已经超过了 20 万。

付费类的写作变现并不仅限于知识付费这一类，IP 类文章可以分为以下六大类，见表 1-5。

表 1-5　IP 类文章六大分类

付费专栏	在今日头条、百家号等自媒体平台发表付费文章，用户只有付费购买后才能够看到完整文章。
付费咨询	在百家号、知乎号等自媒体平台挂载付费咨询链接，用户可点击链接来获取作者的答疑服务。
数字人	通过腾讯智影等相关软件打造数字人直播画面，通过文案脚本的方式来进行数字人直播，获取高额收益。
剧本杀	将剧本杀作品授权给线下门店、游戏公司等平台或机构获取版权收益。
诗歌散文	通过发表、出版或版权转让方式，获得诗歌散文的文学创作收益。
图书出版	将个人作品授权给出版社进行出版，获得版权费用。

IP 类写作变现，往往已经超脱了写作变现本身，此时的写作更像是一位优质作家，在经过过去几年的沉淀，无论是流量类还是付费类，有一定口碑和知名度后，实现了进一步转型，

把自己打造成 IP 博主。

随着互联网的蓬勃发展，IP 打造也比早些年容易了不少，IP 身份已经不是某些企业家的专属，对于图文创作者来说，有自己的一技之长，且能够做到持续深挖，在该行业中打造出自己的品牌度和知名度，就有概率成为 IP 博主。

那么，如何成为一位 IP 博主呢？我总结了 IP 博主五步法。

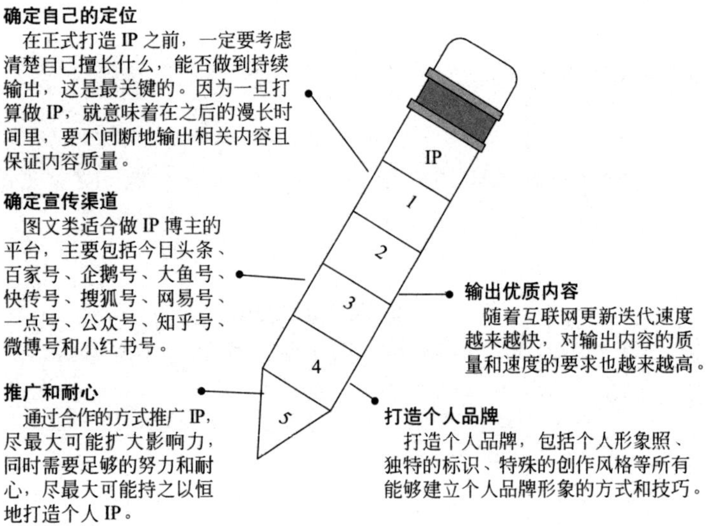

关于写作变现，我设计了三套底层逻辑。理论上来说，只要写作者掌握了三套底层逻辑，就可以成为一位优秀的写作者。然后再搭配 5 ～ 7 章的写作规划，就可以有选择、有计划地实现写作变现。

在这三套底层逻辑中，我个人认为最重要的是趣味性，所有的写作变现都要以趣味性为前提。

第2章

写作变现的底层逻辑之一

——如何打造趣味性？

一个引人入胜的故事或观点，一篇自带感染力的文章，一些巧妙的写作技巧……这些内容、技巧往往可以快速地吸引读者，激发读者继续阅读的欲望，从而为最终的写作变现创造条件。那么，如何巧妙地打造文本的趣味性呢？让我们一同探索其中的奥秘吧。

2.1　情绪化写作，你的作品自带感染力

情绪化写作的核心目的是把作者的个人情感融入文字之中，通过这种方式让文章传递出情绪。因为这种情绪很容易被读者接收到，从而实现情感共鸣。这也解释了为什么明明选题相似的两篇文章，阅读量却相差悬殊，其主要原因在于作者能否将个人情感融入文字中，让这篇文章具备极强的感染力。

接下来我从正反两方面举例，选题内容《合理控制饮食，就能变瘦》。

案例一

排除基因问题和遗传问题外，大部分人的身材其实都可以控制在一个合理的范围内，但总有一些人体重明显偏高，身材

走形，之所以出现这种情况，主要是因为平日里猛吃猛喝，毫不节制。在这种情况下，想要短期内快速瘦下来非常困难。

如何才能变瘦呢？其实最好的方式就是合理控制饮食，只需要一日三餐增加蔬菜、水果、全谷类和高蛋白食物摄入，降低油腻食物的摄入，按照正常饮食的 2/3 去吃，每餐只吃七分饱，就能够瘦下来，而且还是健康的瘦下来。

非情绪化写作案例拆解：增加蔬菜、水果、全谷类和高蛋白食物摄入。

案例二

昨天是 2 月 1 日，原本想着从今年的 2 月份开始减肥，但没有想到第一天就失败了，这令我万分懊恼。当天早上我只吃了一个鸡蛋，想着重病用猛药，大不了一个月不吃不喝，我就不信瘦不下 20 斤。中午的时候连鸡蛋都没吃，就连喝三杯苦咖啡，把自己撑了个水饱。可没有想到当天晚上就忍不住了，连点了两份炸鸡，三杯可乐。

吃完后猛的一想，哎呀，本来准备减肥的，这下可好，前功尽弃。今天仔细一想，有必要这样糟蹋自己来实现极端减肥吗？只要正常饮食，在原有基础上增加一些谷类、蛋白质等食物，就可以很健康的瘦下来。而这种极端减肥很容易导致暴饮暴食，一天下来反倒胖了七八两。

情绪化写作案例拆解：减肥失败，万分懊恼；白天重病用猛药，不吃不喝；晚上控制不住，猛吃一顿。

接下来请转换到读者视角，大家认为哪一个案例更能够吸引读者呢？很明显是案例二，因为案例二在讲解减肥时增加了情绪因素。

不难发现，想要让一篇文章自带感染力，带入情绪往往是最简单粗暴的方式。那么问题来了，创作者在写作时，如何保证情绪化写作呢？

我总结了七个方法。

方法一，分享个人经历。在图文内容创作的过程中，将个人经历融入写作中，往往能够带给读者身临其境的体验感。因为这件事是我们亲身经历的，所以对于读者来说可信度更高，情感也更细腻，可接纳程度往往也是最高的。比如我们减肥成功，就可以写一篇“我是如何通过减肥来实现人生逆袭”的文章。

方法二，搭建具体的人事景。情绪化写作绝不能平铺直叙，在立体的环境中展示往往更具备吸引力。所以我们在写文章时，不妨对周边的环境以及人和事做详细描写，而不是一笔带过。比如我们写“老旧小区安装电梯时，1 楼住户表示不满”，可以适当地讲解 1 楼住户、2 楼住户以及 3 楼住户等不同楼层住户对老旧小区安装电梯这件事的态度看法。

方法三，用第一人称表达。在写文章时，要找到适合自己的人称表达方式。我们写文章时不能一味地用第三人称或第一人称，而是要“因地制宜”。如果我们做采访类、访谈类内容是完全可以把第三人称替换到第一人称的，只需在文章结尾处添加标注即可。在进入图文内容创作时，第一人称往往更容易带入情绪。

方法四，找到与情绪相通的主题。大部分的情绪化写作一般都和亲、爱、友三者相关，即亲情、爱情和友情。比如我们写“新年究竟该不该回家过年”，可以适当添加父母对我们回家的殷切期望。

方法五，情感反差。强烈的两种完全相反的情绪带入，更容易吸引读者阅读。例如开心与悲伤、激动与冷静，尤其是当两种对立的情绪分别出现在同一篇文章的两个主体上时，效果更好。比如孩子学习成绩不好，一个家庭因材施教，另一个家庭则只知道责备打骂，最终导致两个家庭的孩子走向了完全不同的道路。

方法六，代入个人主观情绪。我们在进行图文内容创作时，应该适当地添加个人观点，包括但不限于我们对这件事情的看法和反思，而这个时候可以适当带入个人主观情绪。比如我们写“临近过年时，一些大城市打工人为了图方便抛弃自己养的宠物猫咪和狗狗”，可以适当地表达自己对此事件的气愤和无奈。

方法七，用语言来描述情感。包括但不限于对文章中的人物、环境等内容做描述，让情感更具象化。例如我们在抒发个人愤怒情绪时，可以由“我怎么能不生气呢？我认为我应该有表达愤怒的权利。他这件事情做得就是不对，所以我才暴跳如雷，我只是为了维护属于我的权益而已”来替代“我很生气”。通过反问、疑问的描写方式来抒发情感比平铺直叙，用一个名词或一个动词来抒发情感，更有吸引力。

2.2 三种表达方式，在读者心中留下烙印

在写一篇文章时，不能没有情绪化写作，但又不能只有情绪化写作。情绪化写作理论上是一篇文章能否成为爆款的核心因素，除此之外，在进行图文内容创作时，还要注意三种表达方式，可以起到锦上添花的效果。

方式一：疑问、反问句破题。

在文章开篇，可通过连续的反问句或者疑问句来吸引读者，形成钩子，增加读者继续阅读的概率，尽最大可能提升单篇文章的阅读时长。理论上来说，文章的阅读时长越长，被推荐的概率越高。

为了便于理解，假定选题内容为《孩子学习成绩不好的原因》。

案例一

明确说明孩子学习成绩不好的四点原因。

孩子学习成绩不好，可能有以下四点原因：

1. 上课没有认真听讲；

案例二

运用疑问、反问破题，引出孩子的学习问题。

同样在一个学校里学习，每天学的课也都一样，凭什么有的孩子能考第一，有的

2. 虽然认真听讲，但是没有做好笔记；

3. 在答题技巧上有所欠缺；

4. 没有完成老师安排的作业。

孩子考倒数第一？明明自己的孩子看起来也很聪明，可为什么每次考试都不及格？如果你也有“孩子学习成绩差”问题的困扰，这篇文章一定要看完，会给你带来很大的帮助。

通过对该选题做的两个案例拆解不难发现，疑问、反问句破题，尤其是在文章开篇，往往更能够激发读者的阅读兴趣，同时能够提升文章的可读性。这也是所有流量类写作变现的技巧之一——干货能够吸引读者，但只讲干货未必能够吸引读者。

方式二：第三人称描写转第一人称描写或第一人称关联人物描写。

在文章的创作过程中，如果用到案例，最好把案例中的第三人称转为第一人称，通过“我”来对这个案例做讲解，或者把第三人称转换为第一人称的关联人物，这样能够有很好的读者代入感，对于文章推荐来说也能起到很大帮助，更容易打造爆款。

为了便于大家理解，我们依然假定选题内容为“孩子学习成绩不好的原因”。

案例一

以第三人称视角，寻求小明学习不好的原因。

小明在学校里总是认真记笔记，学习很努力，可每一次考试都考不及格，为此小明非常苦恼，不止一次和老师谈心，看看学习成绩还有没有进步的空间。老师也甚是疑惑，明明看着这个孩子很老实，上课的时候也很认真，可为什么成绩就是提不上来呢？

案例二

以第一人称视角，刻画表姐寻求帮助的画面来讲解。

前两天表姐找到了我，一个劲儿地埋怨自己的孩子学习成绩不好，每次考试都考不及格。看着表姐在一旁哭哭啼啼的样子，我突然灵光一闪，反问表姐："孩子学习成绩不好，会不会是以下这几个方面的原因呢？"

通过以上的两个案例拆解，不难发现案例二中把小明变成了表姐的孩子，紧随其后表姐来找我咨询，寻求帮助，这样创作更容易将读者带入。更重要的是，当周边人向我提出问题，而我作为第一人称来给对方答疑解惑时，还很容易打造我们的个人 IP。

我们并不是问题的提出者，而是问题的解决方。在某种程度上，增加了这篇文章的权威属性，无论是从流量类文章选题的角度分析，还是从 IP 类文章选题的角度分析，优势都远大于劣势。

方式三：对特定字、词、句、段描述，最好是重复描述。

想要给读者加深印象，最好的方式就是特色描述。什么是特色描述呢？我们对于某些特定字、词、句、段加深且重复描述，每篇文章当中都有这样的话，当读者读到之后，往往会心一笑，加深了对作家的印象，其带来的效果不言而喻。

为了便于大家理解，选题内容依然为“孩子学习成绩不好的原因”。

案例一

单纯讲解孩子学习成绩不好的原因。

前两天表姐找我，一个劲儿地埋怨自己孩子学习成绩不好。当时我给表姐做了一整套分析，得出孩子学习成绩不好，可能存在的几种原因。

案例二

关键词为“俺”，对于该特定字的重复描写，有利于加深读者印象。

前两天表姐突然找到俺，哭哭啼啼的，原来这次孩子的学习成绩又是倒数第一。作为一家教育机构负责人的俺，耐下心来给表姐做了长达两个小时的定位分析，最终得出结论：孩子学习成绩不好，可能是有以下几点原因。

这里要注意，想让读者加深印象，我们的行文要统一标准，与其说是统一标准，倒不如说是用一些人物观点的描述或人物形象的印记来增加趣味性。就例如在行文中把“我”改成“俺”或其他特定字词；或者在文章中加一些富有趣味或比较诙谐的句子、俚语、俗语以及歇后语均可。

通过这三种表达方式，我们创作的图文内容在一定程度上能够加深读者烙印，尽最大可能提高文章的爆款概率。但我们之前也说过，以上三种表达方式仅能起到锦上添花的作用，情绪化写作才是内容创作至关重要的一环。

2.3　趣味性选题，从宏观节奏上直接把关

想要提高文章的阅读量，往往从选题内容上就要开始下功夫。我们经常说这篇文章“节奏不好，可读性不高”，除上述两小节中可能犯的错误外，还有一个可能——选题选得不好。

那么，如何能找到趣味性选题呢？在具体讲解之前，我先给大家提供八个选题，咱们看一下究竟哪个选题符合趣味性标准。

选题一：乾隆为何编著《贰臣传》？吴三桂为何没有入选？

选题二：大家开始写作多少天了？

选题三：个人拥有上千本藏书，究竟是怎样的体验？

选题四：大家有什么好看的手机壁纸和电脑壁纸推荐吗？

选题五：现在很多年轻人创业从事餐饮行业，这个行业真

的能赚到钱吗?背后有何猫腻?

选题六:可以激发一个人无限潜能的 27 个小习惯,简直太好了!

选题七:三本学子考研究竟有多难?说出来可能会颠覆你的想象!

选题八:为什么很多饭店、餐厅都开始抵制探店主播了?这背后究竟有何猫腻?如何看待这件事?

以上八个选题,前四个选题不符合趣味性标准,后四个选题符合趣味性标准。那么我是如何做出判断的呢?

答案是语感。

作为图文内容创作新手,如何才能找到符合趣味性“语感”的选题?在这里介绍七个技巧。

技巧一:满足新奇性。

内容选题往往越是新颖,越是奇特,越能够勾起读者的探究欲望,就越富有趣味性。比如古埃及金字塔之谜、百慕大三角之谜、巨石阵之谜、巴比伦空中花园之谜,这些世界未解之谜在某种程度上传播度极广,众说纷纭,直至今日仍然没有准确结论,而这些内容很容易吸引读者,抓住读者眼球。

技巧二:满足知识实用性。

趣味性理论上分为两种,一种是主动趣味性,也可以称为自发趣味性,另一种则是被动趣味性,即读者被动去阅读、去浏览，就例如前一段时间抖音上爆火的教大家乘坐高铁、乘坐飞机的知识博主，他们科普的这些知识都是当下阶段某类群体迫切需要学习的知识。

通过对这一类内容进行图文创作，来吸引读者眼球，也不失为一个办法。例如面试时如何与面试官进行沟通，从而提高入职概率；租房时如何签订合同能尽可能减少损失或降低租金。

技巧三：满足娱乐性。

娱乐性既可以是单纯的娱乐圈中发生的事，也可以是具备娱乐属性的诙谐、幽默的小故事，读者在阅读这一类内容时，往往是轻松、愉快且具备分享欲的，我们可以借此推动该选题的爆款概率。例如明星 A 被曝光恋情，网友扒出五个细节。

技巧四：满足话题热点性。

当下阶段比较爆火的热门话题均具备趣味属性，包括但不限于突然爆火的流行文化，爆火的社会事件。但是要注意，自媒体图文内容创作者终究不是官方媒体，所以涉及一些敏感事件、敏感问题和敏感矛盾的均不允许创作。主要原因在于我们的认知有限，接触到信息的渠道有限，很容易被人蛊惑，创作出某些偏激内容来。

技巧五：满足热点选题反转性。

任何热点选题在最开始爆料时所吸引的关注度都极大且惹人争议，但因为热点事件往往具备时效性且又讲究第一手资料，所以很多媒体记者或个人第一时间发布的所谓第一手资料，内容真实度有待商榷。而热点选题一旦出现反转，包括但不限于该事件当中的人、事、物，均属于趣味性选题。

假定某位博主一顿饭能吃 8 份面，以大胃王而著称，但后期经网友深扒发现，其吃饭的镜头全是剪辑切片的，并不存在吞咽动作，也就是俗称的“假吃”行为。对于这一类满足热点选题反转性的内容，在确保其真实性时可以进行创作。

技巧六：满足重大赛事属性。

该技巧较为特殊，一般具有时间和选题限制，比如每 4 年举办一次的国际足联世界杯；每 4 年举办一届的奥林匹克运动会。这些运动赛事因为具备全球属性，发生的任何一件事中的任何一个细节都会吸引网友注意，趣味性很强。

技巧七：满足旅游属性。

有人说旅游就是从你住烦的地方到别人住烦的地方，因为我们没有在别人住烦的地方待过，所以对于外界的事物往往充满新鲜猎奇感。随着互联网的发展，以及疫情之后人们旅游的热情居高不下，与旅游相关的文章往往更吸引读者。

原则上来说，只要我们创作的内容具备趣味性，就能引起足够多的读者群体关注，那么这篇文章获得爆款的概率也会直线上升。

2.4　多元化表达，图文结合引导读者持续阅读

在各种类型的选题内容创作过程中，除小说、剧本杀等特殊创作题材外，大多数题材都是以图文相结合的方式引导读者阅读的。接下来，我们以 21 种写作变现模式中的流量文为例给大家讲解一下，如何做到多元化表达。图文结合引导读者持续阅读，又究竟该怎样去操作？

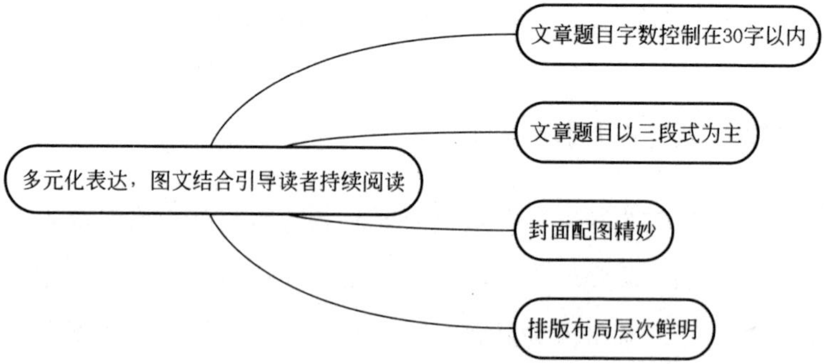

首先，任何一篇文章都有它的题目，文章题目一般建议字数在 30 字左右，最好控制在 30 字以内，主要原因有以下三点。

1. **符合阅读习惯**。文章题目长，很容易降低读者的好感度，尤其是题目抓不住重点，跳出率会极高。

2. **符合各大平台的标准**。头条的字数限制一般在 2 ～ 30 个字，百家号的字数限制一般在 8 ～ 30 字，公众号的字数限制一般在 64 字以内。

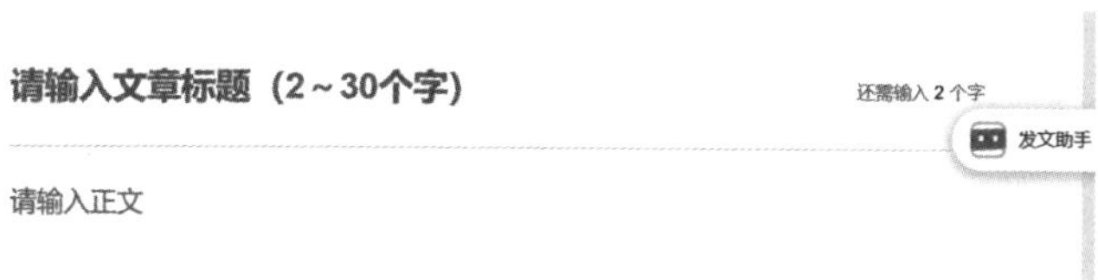

今日头条题目示例

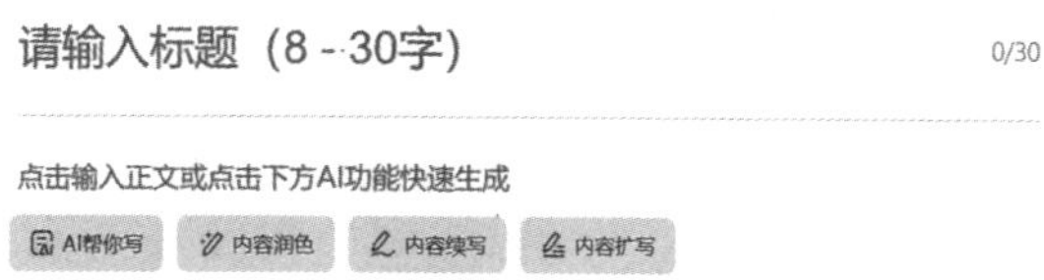

百家号题目示例

公众号题目示例

3. **方便机器对关键词的抓取**。文章题目 30 个字以内，多输出以名词或动词为主的关键词，更有利于机器对关键词抓取以及做选题分类。

其次，建议文章题目以三段式为主。例如在一点号平台上输入文章题目，当文章题目不是三段式时，一点号平台会在题目上方显示“推荐使用三段式标题，更容易获得高点击率哦”，而我们点击“三段式标题优秀案例”后，会发现一系列的三段式标题示例以及三段式标题的推荐量、阅读量和点击率。

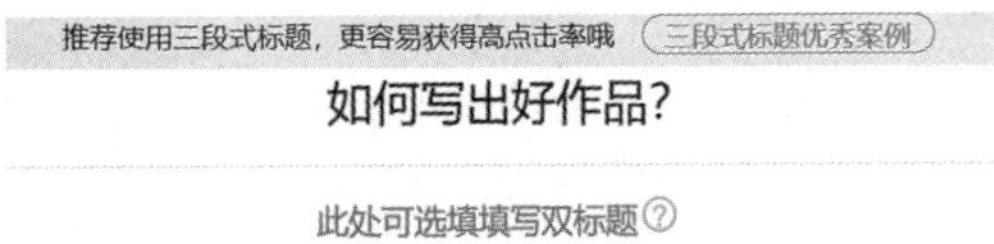

一点号平台标题示例

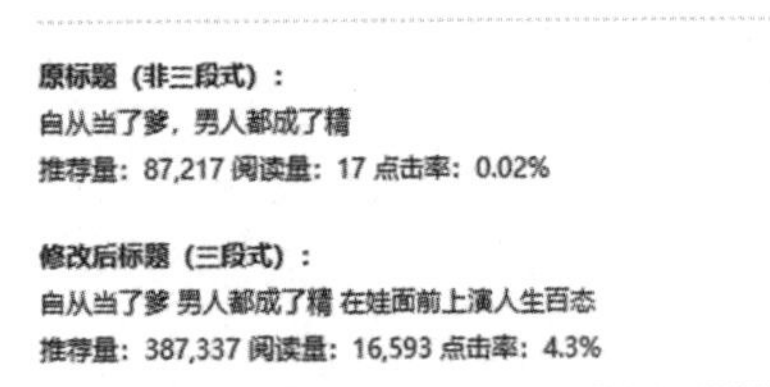

三段式标题示例

再次，一篇文章的爆款与否和文章的封面配图有极大关系。我在 2019 年做新媒体内容教学时就曾指出，文章题目和配图几乎决定了一篇文章爆款概率的 50%。文章题目写得好，配图精妙，往往更能吸引读者阅读，如果连题目和配图都做不好，读者连点进这篇文章的可能都没有，那么这篇文章无论写得多好，都没办法引起读者共鸣。

以今日头条为例，今日头条的文章封面配图一般有三种展现形式，分别是单图、三图和无封面模式。

今日头条单图形式

其中单图和三图都可以点击预览模式进行预览，我们点击一下。

今日头条单图预览模式

今日头条三图预览模式

图文变现文章的题目和封面，几乎决定了这篇文章能否被读者点击阅读，因此想提高被读者点击阅读的概率，就应该在文章题目、封面和配图上下功夫，要求其具备趣味性、可读性和可欣赏性。

最后，一篇文章的排版布局一定要层次鲜明。写文章时，文章的排版布局也不是一成不变的。

对于重点句子、对话可以加粗体，或加粗体之后标颜色；

对应文章中的大标题要点击“大标题”，小标题可以选择无序标题和有序标题；

引用名人名言时，可以添加引用标识符；

如果有特殊内容需要标记的，可以点击备注按键。

……

各大自媒体平台关于一篇文章的基本排版布局各有不同，在此不做过多讲解，简单归类一下即可。大家在写文章、写网文、写故事时可自行排版布局。

第3章

写作变现的底层逻辑之二

——如何提升文笔?

关于写作文笔的好坏如何评判？有人表示，文章读起来条理清晰，内容层次分明，结构逻辑严密，让读者在阅读的过程中能够第一时间抓住文章的主旨和要点，只要能实现这些，就算文笔好。”这句话对也不对，主要原因在于读者在阅读文章时，对于文笔的好坏其实是没有明显界定的。

3.1 关于文笔的 6+3+3+4 理论

单纯的文笔是很难提升的，至少在短期之内是无法提升的。对此，我总结了一个独特的“6+3+3+4 理论”。

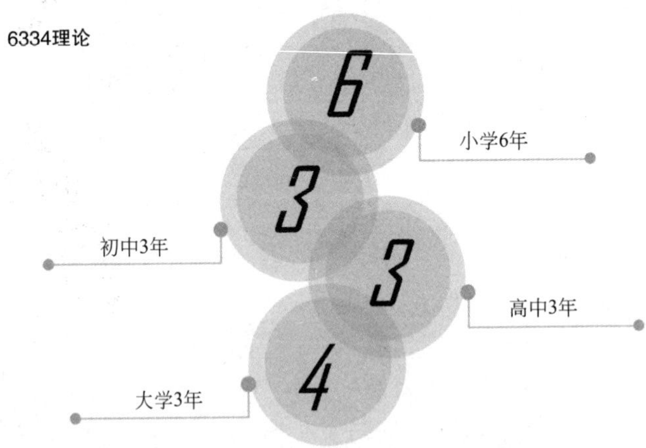

从小学到大学，在学习过程中有很多提升文笔的机会，写

日记、写作文、写论文……这些过程都在潜移默化地影响着我们的文笔。然而，如果在长达 16 年的漫长熏陶之后，写作的文笔依然不高，指望着进入社会，通过几个月的文笔速成教学提升水平，几乎是不可能的。像我们开设的写作训练营，实际上提升的不是你的文笔，而是你的写作技巧。

作家文笔的好坏是怎样体现出来的呢？答案是读者对这篇文章的评价。所以我认为，作家的文笔约等于读者的语感，而读者的语感同时又约等于写作技巧的提升。因为当写作技巧提升后，读者在阅读这篇文章时，语感也能得到极大的改善。

接下来做一个有关文笔好坏的测试。

假定，我正在推广宣传一支钢笔，该钢笔有如下特性：

品质高端

工艺处理精细，耐用

针对商务人士

可个性化定制

钢笔公司具有悠久的历史

现在我们针对该款钢笔做两份宣传文案，大家看一下哪一份文案更合适？

文案一：

我给大家推荐的这款钢笔，专门针对商务人士，非常适合职场精英和白领使用，其品质极高，虽然价格略贵，但是可以长期使用，性价比非常不错，而且这个钢笔公司具有悠久的历史，无论是自己使用，还是买来请客送礼都是非常不错的选择。

文案二：

璀璨星辰，尽在指尖

你是否在寻找一支能够彰显你高端品位的钢笔？一支好的钢笔，是你成功之路的得力助手。

这支钢笔采用高品质材料精心打造，且经过精细的工艺处理，品质高端且耐用。无论是笔身的流线型设计，还是笔尖的精致打磨，都彰显了它的匠心独运。

在商务场合，你需要的正是这样一支高端且实用的钢笔。每一次签字、每一次记录，它都能为你增添一份从容与优雅，展现你的专业素养和高端品位。

个性化定制服务能为你打造一支独一无二的专属钢笔。无论是刻上你的名字，还是选择你钟爱的颜色，它都能满足你。

我们的钢笔公司拥有悠久的历史，每一支钢笔都承载着匠人们对品质的执着追求。这不仅仅是一支钢笔，更是一份对传统的尊重与传承。

当你拿起这支钢笔，仿佛能感受到历史的沉淀和时光的流转。每一次书写，都仿佛在与历史对话，与未来约定。

很明显，文案二的文笔更好，更符合读者对内容的阅读语感期望值。

文案一：平铺直叙

文案二：语感细致

有意思的是，文案一和文案二都是我在同一时间段创作的，前后仅相差半小时，为什么文案二的文笔会明显好于文案一呢？我的文笔不可能在短时间内提升，提升的实际上是写作技巧。

tips

在我的学员中，很多人对于文笔的要求相对较高，我会建议他们阅读《西游记》，书中经常出现的一些人物及情节的设定、人物情绪、人物穿搭等细节，刻画得非常独到，对文笔的提升很有帮助。

3.2　技巧的 15+3 可突破性分析——如何通过技巧辅助提升文笔

通过对上一节内容的拆解，我们得出关于文笔的三点结论。

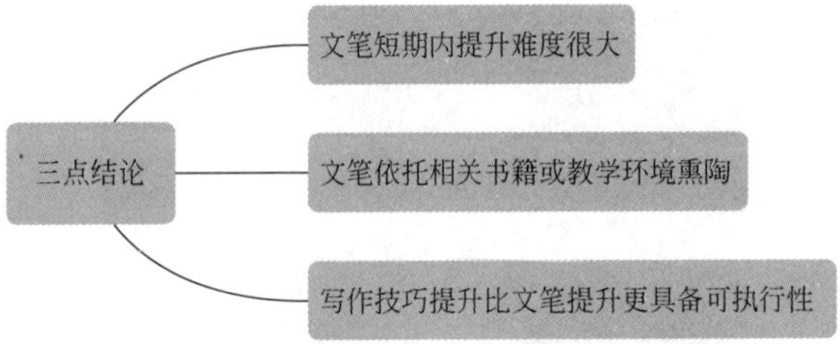

文笔短期内提升难度很大，从小学到大学的学习过程中，都在潜移默化地锻炼文笔，如果经过这些年的历练，文笔依旧不好，指望短时间内提升是很难的。

文笔的提升需要依托环境熏陶，一旦脱离了教学环境，只能依靠大量持续的阅读缓慢提升文笔。

相较而言，写作技巧比文笔提升更具备可执行性，且短期内更容易出成绩。

那么，如何能够提升写作技巧呢？我总结了 15 种提升写作技巧的方法。

技巧一：Word 文档排版，任意段落不超过三行。

当我们写流量文、短故事、影评、文案等内容选题时，不允许出现长句、长段落，尤其是超过 3 ～ 5 行甚至 5 ～ 7 行的大段落。这些大段落对于中老年群体非常不友好，尤其是部分中老年群体喜欢把手机字体设置为中字体或大字体，这就意味着读者连续翻 2 ～ 3 页还在读同一段落，排版不美观，可读性极差。

对于网文、图文带货等一类的题材建议一句一段，更方便阅读，让读者有更好的体验感。

技巧二：除与新媒体文相关的写作体裁外，段落首行需空两格。

这样能更方便读者区分段落，尤其是在阅读长篇文章时，同时也让文章更为美观和整洁，但与新媒体文相关的包括但不限于流量文、短故事、投稿、图文带货、影评文案、拆书稿、荐书稿等相关体裁，首行不需要空两格。

技巧三：对话单独一行，不允许两个或多个人物对话挤在同一行中。

在进行图文内容创作时，如果涉及不同人物间的对话，始终要保证一个人说的一句话单独在一行，哪怕 2 ～ 3 个人说多句话且相对精简，也要分散排版，多分小段，不要把人物对话糅杂在一起。

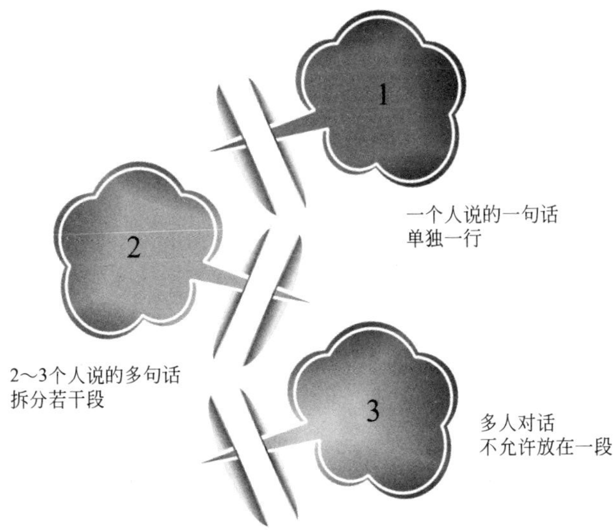

技巧四：涉及文章投稿时，浏览往期收稿变得尤为重要。

创作的短故事题材、投稿题材或网文类题材，在发到某个平台或发给某个编辑之前，一定要看一下往期收稿的标准，以及爆款图文内容的排版布局，以此调整版式。以网文为例，需要阅读同领域过去三年爆火的 10 ～ 20 本网文的前三章，然后再按照阅读积累的经验调整自己的网文。

技巧五：除诗歌、散文及剧本杀外，慎重使用第二人称。

在进行图文内容创作时，人称的选择相对开放，第一人称有代入感，第三人称可以添加旁白，对创作群体来说都很有帮助，唯独第二人称在内容创作时，很难让读者有代入感。除诗歌、散文以及剧本杀的特定剧情外，原则上不建议使用第二人称作为主要人称进行创作。

技巧六：专业选题的图文内容创作，适当引用名人名言或官网能够查询到的权威数据。

这一点很关键，就算权威数据的出现扰乱了文章的布局也一定要有，因为权威数据的存在意味着这篇文章有背书，更能让读者群体信服，非常有利于 IP 打造。

技巧七：禁忌中英文混杂或标识符混杂。

尤其是在杂志投稿或付费网文创作时，使用中英文混杂，尤其是大面积带有特殊含义的中英文混杂，很有可能引起老编辑的反感。标识符混杂也是同理，在内容创作时使用乱码，并不能让编辑眼前一亮，恰恰是丢分项。

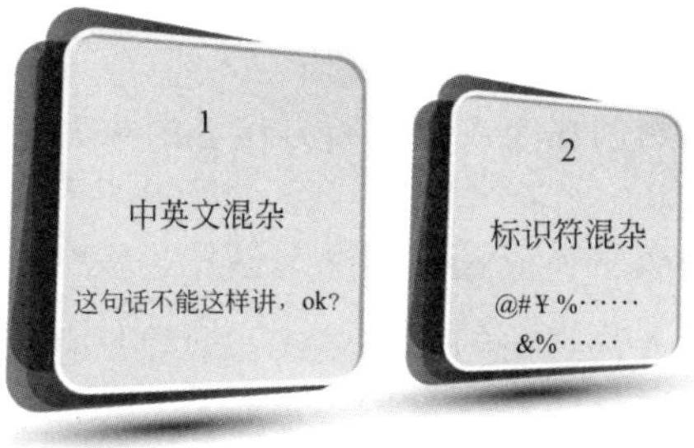

技巧八：减少次要人物出场尤为重要。

尤其是创作流量文、短故事等题材时，尽可能减少次要人物和无关人物的出场，因为文章创作篇幅有限，一般以 2000 ～ 8000 字为主，在这个过程中重复且频繁地介绍无关人物，对读者非常不友好，甚至有跑题和凑字数的嫌疑。

技巧九：减少冗杂的字、词、句、段出现。

以免费网文和付费网文为例，近年来网文行业的读者群体呈现出明显的低龄化、幼稚化和娱乐化，这就意味着读者在阅读网文时不会考虑内容的严谨性和逻辑感，更多考虑的是小说的爽点。慢慢延伸出了黄金十章最重要、黄金三章最最重要、黄金一章至关重要、黄金一章前 500 字决定签约与否等诸多与节奏和商业性相关的说法。阳春白雪的市场越来越少，下里巴人的市场越来越多，迎合市场对普通新手来说是迈向成功的第 1 步。

技巧十：单人物创作变成以主角为核心的多人物选题创作。

在进行短故事、流量文和网文创作过程中，很容易出现单一人物或单一人物视角的创作模式，通篇只有一个人物，通过与该人物相关的事勾起读者的阅读欲望。这种单人物创作远不如多人物创作，后者具备更高的趣味性和可读性。

技巧十一：人物对话简洁明了，避免复杂句子。

文笔不好是硬伤，短期之内提升的难度极大。这种情况下，人物对话越简单越能规避文笔不好带来的缺陷和漏洞，尽可能优化人物间的对话、转场，最好一句话讲完转场，一句话说完对话。

技巧十二，适当改变语气和创作风格。

根据 2023 年我们年卡内部学员的成绩来看，无论是网文创作还是新媒体文创作，抑或是投稿、故事、征文等选题，搞笑、诙谐、幽默、趣味类的选题出现爆款的概率要远高于悲剧、苦情、虐心的选题。

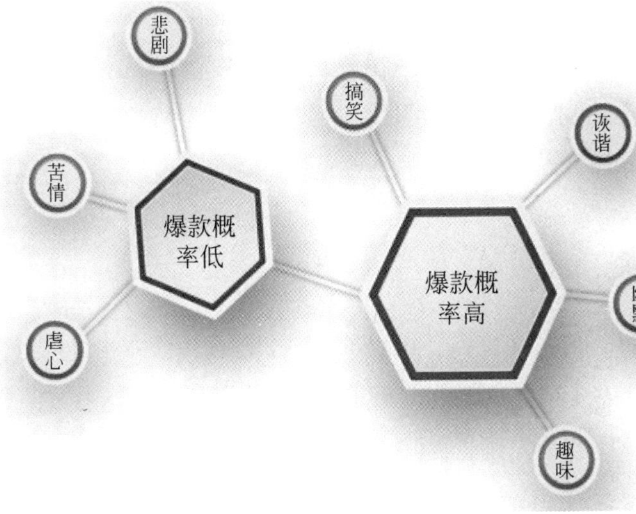

其实这很好理解，读者阅读文章本质就是冲着娱乐去的，是为了开心、消磨时间的，而不是为了做毕业生论文、研究调查的，所以适当地增加一些幽默或喜剧色彩效果更好。

技巧十三：使用“因为，所以”的创作模式。

如果我们不清楚行文基础逻辑，一篇文章内容创作时前后节奏极其混乱，那么强烈建议大家使用“因为，所以”的创作模式，即主体或主要人物，因为遇到了什么事，所以才会怎么做。通过这种模式进行内容创作，能保证不会跑题。

技巧十四：巧妙借助热点内容。

创作热点内容天生自带流量，但因为绝大多数的图文内容创作者充其量是自媒体作者，所以在热点内容创作时也要把控尺度，原则上生活中的一些趣事、乐事、好玩的热点事件，甚至是热点歌词都可以直接引用，但是像国际形势、敏感时事热点以及军事、政治、经济等热点，不要借助。

技巧十五：设计互动话题。

在进行流量文投稿、短故事、图文带货、读书、付费专栏等内容创作时要给予读者足够的互动，包括但不限于在文章创作时直截了当地向读者提问“大家如何来看待这件事？”“大家认为应该怎样？”，或者“大家有没有更好的方法来解决这个问题或危机？”，这类话术均可。

除了以上 15 种可提升的写作技巧之外，再搭配 3 种写作结构，包括写短故事、内容投稿、征文、软广、硬广等图文内容，基本能保证内容不跑题，叙事有逻辑，具备可读性，且增加爆款概率。

结构一：“五个一”故事体写作模板。

一个破题点 + 一个故事场景 + 一个网友评论 + 一个内容延伸 + 一个总结。

这一套写作模板适用于所有新媒体故事文的内容创作，包括实时热点、非实时热点内容的投稿、软广、硬广、商业合作等，只要符合故事文的基本属性和特征均可使用，见表 3-1 所示。

表 3-1　“五个一”故事体写作模板

破题点	对某一件事、某一个核心、某一个要素提出疑惑，一般用 2 ～ 3 句反问句破题，字数占整篇文章的 2% ～ 3%。
故事场景	对这件事情中出现的人物及人物关系、背景及矛盾线做简单梳理，让读者大致了解这件事情的前因后果，字数占整篇文章的 20% ～ 50%。
网友评论	对该事件的不同表态，可以有正方和反方，也可以有骑墙派（正反观点均有)，字数占整篇文章的 3% ～ 7%。
内容延伸	对该事件的话题延伸，可以对该事件做总结，做同类型事件的案例讲解，做网友评论的总结等，字数占整篇文章的 20% ～ 50%。
总结	对整个话题做关键性总结或结束语总结，包括但不限于能够吸取的经验教训、带来的成长，字数占整篇文章的 5% ～ 15%。

结构二：分论点盘点体写作模板。

论点一 + 论点二 + 论点三 + 论点四 + 论点五 + 总结。

这一套写作模板适用于新手创作除故事体外的所有题材，模板特点在于适合新手且短期内能写出成绩，最主要的是其符合各大平台的投稿要求和标准，见表 3-2。

表 3-2　分论点盘点体写作模板

论点一	对某起事件内容做拆解，并得出相关论点中的一个，对该论点做拆解，字数占整篇文章的 20% 左右。
其他论点	一般一篇文章会讲到 3 ～ 5 个论点，每个论点都需做单独拆解，方式同于论点一，每个论点字数占整篇文章的 20% 左右。
总结	对整个话题做关键性总结或结束语总结，包括但不限于能够吸取的经验教训，以及带来的个人成长，占整篇文章的 5% ～ 15%。

结构三："悬念 + 断章"写作模板。

这一套写作模版非常特殊，一般用于剧本杀、短故事、网文等长篇内容的创作题材，且长篇创作题材需要分章节进行创作，这一类内容创作一般在单章节结尾处预留一个有悬念的"断句"或"断段落"，效果最佳，我们讲三个案例。

案例一

张三连吃了8个包子，揉了揉宽松的肚皮，猛然之间……

案例二

李四走在马路上，嘴里一直嘀咕着，快点儿快点儿，还要再快点儿，要不然可就迟到了，突然之间……

案例三

王五一边喝着水一边打趣道，"一会儿跑马拉松我可就当仁不让了，诸位……"话未说完，只见……

这三个案例的结尾都不是完整的句子，这就是在给读者暗示，想不想知道后面的内容是什么？如果想知道后面的内容是什么，继续阅读下一章就可以了。

为什么采用这种创作模式呢？是因为当读者阅读完文章最后一句并点进下一章进行阅读时，下一章的在读率就会提升，某种程度上会刺激平台的算法，让平台持续对这份作品进行推荐。这一类结构与其说是结构，倒不如说是技巧，只不过是在一篇文章中最后一段使用的技巧。

3.3　技巧与文笔的区分

写作技巧不等同于文笔，但却可以通过写作技巧有效提升文笔。有人表示，如果按照这一套逻辑，岂不是意味着新媒体写作都能够以技巧为核心进行持续创作？

理论上来说是可以的，为了便于理解，我举一个极端案例。

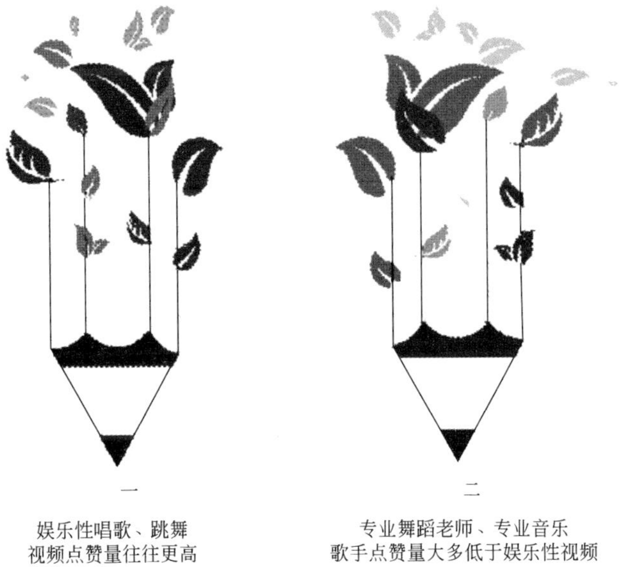

案例对比

抖音、快手等短视频平台有很多唱歌跳舞的博主，他们唱的歌未必那么好听，跳的舞也未必那么好看，但是收藏、点赞往往能达到几十万甚至更多，比专业的歌手、舞蹈老师的点赞量还要高。之所以能够出现大爆款，是因为情节设计得足够好，包袱设计得足够密，画面感足够强，甚至“黑红”也是红。

从数据角度看，网红博主比专业的歌手、舞蹈老师要强上不止百倍，那么能否得出结论，如果想通过唱歌爆红，自己不需要唱歌，只需要设计好镜头感就行；如果想通过跳舞爆红，自己也不用跳舞，只需要按照镜头一帧一帧地补好画面就行？

当然不可以。因为镜头的剪辑，故事情节的编撰具备极限值，同时具备不可控性。

同样的道理，当某一篇文章通过某种特殊巧妙的运作出现爆款之后，写作者是否可以放弃文笔的提升而专攻写作技巧呢？同样是不行的。

所以对于技巧和文笔的关系，我的建议是：技巧决定写作成绩的下限，而文笔决定写作成绩的上限。对写作而言，提升写作技巧是短期内最容易出成绩的选择，但文笔更是不可或缺的，因为它决定了我们接下来成绩的高低。

文笔的提升是非常艰难的，需要日积月累，如果你喜欢写作这件事，想要通过写作变现，那么一定要坚持练习。目前市场上与文笔相关的详细教学指导极少，即便是我的年卡学员，也只能通过一对一改稿教学的方式，用 10 ～ 15 天的时间笼统地讲一下，提升效果非常有限。还是需要个人在正确方法的指导之下，长时间坚持训练。

第4章

写作变现的底层逻辑之三

——如何确定方向？

在21种写作变现模式中，写作者应该挑选哪一种作为写作方向持续变现呢？这就涉及接下来要讲的写作变现的最核心底层逻辑——如何来确定选题方向？

4.1 流量类适合的六大群体分析——做兼职副业的不二选择

所有流量文都要基于一个最核心的基础，即读者群体，要求创作者写出来的内容必须有人看。

站在作者的角度，如果写出来的作品没人看，会严重打击创作积极性，甚至会因此放弃写作。

站在平台的角度，作者写出来的作品没人看要么是因为作品不行，要么是因为平台的读者群体与作者间没有形成高效互动，如果持续下去，平台也就离破产倒闭不远了。

站在读者的角度，我看文章只是为了休闲娱乐，如果通篇讲大道理，或者我不感兴趣的内容，我为什么还要继续看？

正因如此，流量文往往具备以下特性。

在上述情况之下，哪一类作者适合创作流量类图文内容呢？主要有以下六类。

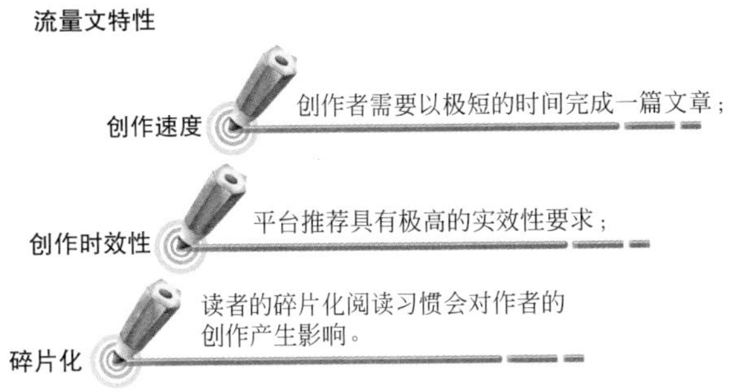

1. 有大量的自由时间，且短期内没有写作规划的创作者群体。

这一类往往偏向于萌新小白，不知道写什么，也不知道写什么能变现。没有规划，没有目标，只是希望先写写看，试一试。既然不知道写什么，那就先开始动笔，或许写着写着就能找到写作方向了。

2. 有脑洞、有想法，但作品属于快餐文学的特殊群体。

这一类写作者往往偏向于年轻群体，他们有着各种各样天马行空般的奇思妙想，这些点子如果应用于其他题材会给读者一种不伦不类的感觉，但应用于小说网文，那简直是如虎添翼，无论是长篇小说还是中篇小说，甚至是小小说题材，在短期内很容易写出成绩。

3. 没有特殊技能，无法在专业领域深耕的创作者群体。

这一类写作群体，往往因年龄、身体条件及接触互联网的时间长短等各种特殊情况导致对写作的敏锐度不高，无论是写作速度、写作技巧、写作灵感都难以和他人比肩。但对于写作充满热情，也希望通过写作的方式证明自己，那么流量类作品则是不错的选择，因为这是写作模式中为数不多的勤能补拙的领域。

4. 初次接触写作，希望通过写作变现进行自我激励的创作者群体。

这一类写作群体简单、干脆、直接，他们希望通过写作变现进行自我激励，在辛苦写作的同时获得足额报酬。对于这类创作者，只要在内容创作时不违背公序良俗，写出好的作品，博得观众眼球的同时获得打赏或平台流量收益是完全可行的。

5. 敏锐度（针对娱乐圈、影视圈、综艺圈等实时热点）较高的创作者群体。

这一类写作群体往往对某些圈子非常熟悉，比如有一位自媒体博主，主要讲解相声圈的奇闻轶事，粉丝量很多。如果创作者对娱乐圈、影视圈、综艺圈或者其他非敏感时事热点的圈子有所了解的话，就有机会创作出高质量作品，从而获得不错的收益。

6. 对流量有极大需求，且希望向其他领域延伸的创作者群体。

这一类群体最为特殊，他们对写流量文获取的收益并不是最关心的，他们需要的是流量，而这一部分流量所带来的粉丝增量起到的作用，远比流量收益带来的作用大得多。

4.2　付费类内容八大群体分析——知识理应被认真对待

付费类内容选题相比于流量类而言，对创作者自身的要求会更高一些。流量类内容理论上只需抓住读者眼球就可以，不需要过多的知识增量。但付费类内容要让读者阅读文章时主动花钱、花时间，所以始终要满足“利他性”这三个字。如果无法满足，既无法让知识变现，同时还可能连最基本的底层流量都抓不住。

付费类内容一定要满足“利他性”，要让读者觉得花费大量时间、金钱阅读文章以及相应的延伸视频、直播、漫画等多种题材是值得的。

在这种情况下，哪些人群适合创作付费类图文内容呢？主要有以下八类人群。

1. 具备专业技能且懂得如何输出的创作者群体。

理论上只要是具备市场需求的领域，创作者能够将专业知识由浅入深进行讲解，同时能够解决该行业的痛点、难点，且能以文字形式进行输出，就可以创作知识付费文。

2. 深谙市场需求的内容创作者。

21 世纪以来，市场变化幅度越来越大，各种新兴企业入局，新兴管理观念不断推陈出新，对老一代企业家带来极强的冲击。例如直播带货、工厂直销等一系列新兴模式的出现，上一代创业者对这类具备极强市场需求的内容极度渴望。而年轻一代群体要想入局，由打工者变为创业者，也需要浏览阅读大量具有市场需求的内容。这给熟悉市场需求的图文创作者提供了契机。

3. 特殊行业亲身经历者。

现阶段各行业的工作种类越来越多，但市场上只有理论内容，很少有拿来即用的实操内容，年轻人想了解并进入某些行业，急需该行业的亲身经历者传授一些实操性的内容。这类内容的创作者就可以用文字的形式对外输出，实现知识付费的目的。

4. 情绪提供者，给读者提供正能量情绪。

为什么现代人物质更充足、生活环境更好，但压力却越来越大呢？这个问题其实不客观，只能说时代发展、社会进步，各种新兴行业同时出现，当代年轻人面对压力的种类变得五花八门。

曾经人们的压力大部分来自衣食住行，而如今要考虑的问题显然越来越多。在遇到各种各样复杂问题时，人的心态很难保持稳定，当情绪极端崩溃时迫切需要的则是心理疗愈。如果创作者能给读者提供情绪价值，从而适当缓解人们的心理焦虑，就会有读者愿意为此付费。

5. 资源提供者，能对各行各业的资源进行深度链接。

这类图文创作者创作的内容质量不是关键，核心点在于提供的资源优劣。很多图文内容创作者在创作内容时，只需简单地补一句“能够深度链接该行业的各类资源”就可以在最短时间内吸引到读者群体，比如临期食品批发者创作的图文内容、视频内容、直播内容，其创作的内容类型已无关紧要，关键在于他手中掌握的临期食品资源。其他行业也是同样的道理。

6. 商业 IP 者，可以进行团队赋能。

这一类图文创作者等同第五类，图文创作者创作内容的质量不是关键，核心点是具备 IP 化的商业从业者，这些人能对接各行各业的资源，俨然已经成为新时代的职业导师。

7. 知识汇总者。

有人花钱买食物，有人花钱买时间。某些人想入局某行业，但刚入门并不知道该行业的门道，此时需要先对这个行业做一个基础认知，此时找到知识汇总者进行学习，索要相关资料就显得很重要。

8. 新兴市场创始人。

人工智能、新能源、虚拟现实和生物科技等诸多行业，迎来了新一轮的发展和蜕变。而新兴行业中第 1 批入局者通过短期努力或长期投入，实现了利益回报，那这批新兴行业就有足够的资格进行知识付费，且消费者数量极其可观。

4.3 IP类内容四大群体分析——写作远不只是写作本身

IP类创作者其实是优质创作者转型，对于这些创作者来说，写作已不是唯一收入。这意味着对于IP博主，输出文字只是诸多工作中的一项。

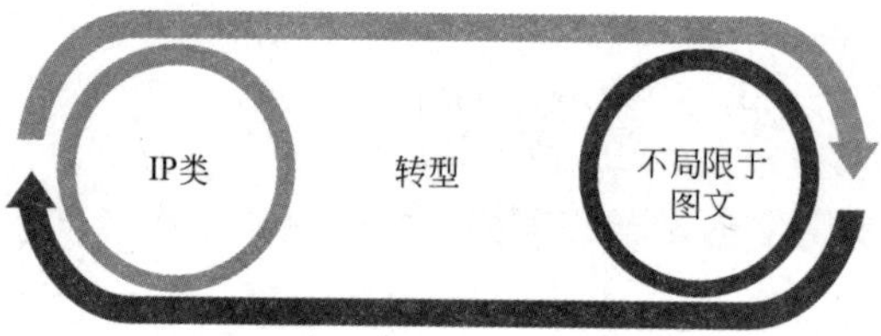

IP类作家创作属性

站在读者角度，如果想要进行知识付费或跟随某个创作者进行某行业的内容创作，但一时之间找不到优秀博主指导自己，那么就可以直接跟随IP博主，因为他们都长期从事该行业，对该行业的事了如指掌。

对于IP博主，在进行图文内容创作时压力往往远超动力，因为已成为IP，且有庞大的粉丝体量，一旦某句话说的不合时宜，就很有可能引起巨大的舆论旋涡，要为自己写的每一篇文章的真实性负责。除此之外，还有平台、甲方、合作方等多方人员的约束，很难创作出完全符合自己想法的文章，所以IP类创作者创作压力大、时间周期长，但获得的持续效益多。

那么，哪些创作者适合做 IP 博主呢？有以下四大类。

1. 能输出知识且具备独特性的博主。

具备知识输出属性，意味着该博主在某领域具备独特见解，这部分见解既可以归类到知识干货，也可以归类到内容总结。

对读者来说，利他性极大，是支撑读者群体去阅读的主要原因。而具备独特性，则意味着该博主无论是做文章类还是文章以外的其他类目创作，都能让读者眼前一亮，加深自身标签的同时增加了可辨识度。在任何一个平台，只要有某个身份标签且被读者或观众认可，就意味着在其他领域、其他平台被读者或观众认可的概率增大。

2. 持有特殊资源或平台的博主。

以网文写作为例，当大家都在教新手如何快速实现网文变现时，如果其中一位博主是某网文平台的编辑或网文平台的创始人，且拿过足够多的成绩，教过足够多优秀学员，那这位编辑从事网文类图文创作并打造个人 IP 则更容易、更轻松。无论是拥有特殊资源还是拥有某些平台的特殊话语权，在进行图文类内容创作时，以 IP 博主的身份出现，对其他博主来说都是降维打击。

3. 多题材专业输出博主。

目前互联网上的部分知识博主大 V，既能输出文章也能输出微头条，还能输出视频。因为输出的题材多样性，且各题材输出的内容具备专业性，很容易产生连带反应，即某个题材中的某篇内容突然形成大爆款，会连带其他选题、其他领域均成为大爆款。

4. 跨领域合作博主。

某些图文内容创作者会寻求破圈，和其他领域的优质创作者进行沟通交流，参加各种大型会议，接受各种类目的专题采访。之所以出现这种情况，是因为现阶段的自媒体推荐机制很容易让读者处于枷锁之中，信息茧房之下，对创作者群体也非常不友好。想破圈就要链接到该领域以外的创作者，双方或多方之间进行多次互动沟通，实现跨领域合作。

IP 博主创作的主要方向已不局限于图文，还包括视频和直播，这就涉及了多领域、多题材的创作模式。同时，对于大多数新人来说，想做 IP 博主有很大难度，必须先从流量类或付费类两种类型开始进行创作，日后才有概率实现 IP 博主的华丽转型。

第5章

流量类选题方向定位法详解

本章主要介绍流量类选题方向的定位方法，流量类题材有很多种，如果创作者不确定自己适合哪种题材，就可以用本章介绍的五种方法，很轻松就能找到自己的创作方向。

5.1 流量类选题方向定位法——自我认知选题法

想做流量类选题，首先要了解流量类题材的分类。

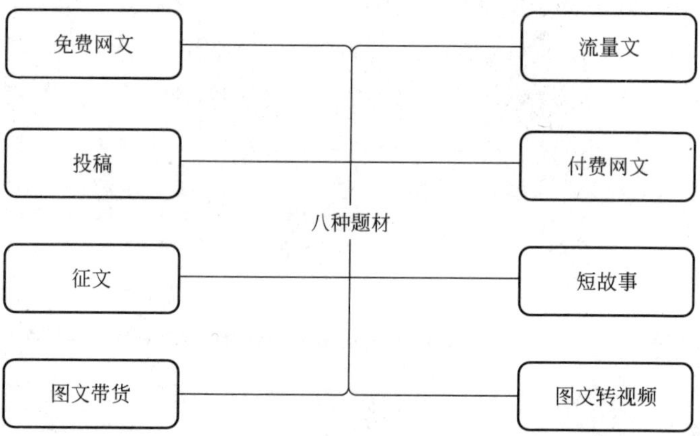

八种题材中，以流量文为例，仍可以继续拆分，包括教育、育儿、热点、娱乐、影视、综艺等领域，如果创作者对明星非常感兴趣，准备做娱乐类矩阵账号，同时又能够源源不断地创作出娱乐类文章，就可以写娱乐类的流量文。

想要写出好作品，关键在于选题方向，我总结了五种方法，能够精准确定选题方向。

接下来介绍第一种选题方向定位法——自我认知选题法。

自我认知选题法在创作前要连问自己三个问题。

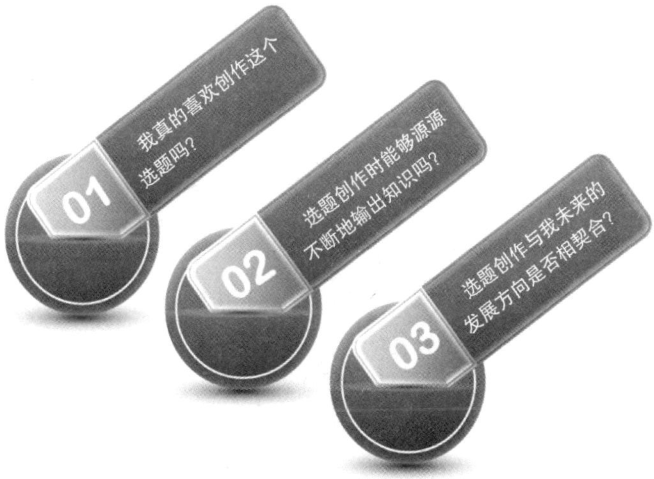

创作前的三个问题

该方法很简单，只要创作者想明白这三个问题即可。如果你即将开始创作，请将三个问题的答案填在下面。

5.2 流量类选题方向定位法——五圈定位法

所谓五圈定位法，就是在5个选题圈中取交集。举个例子，如图所示三组数据取交集，很明显“3”就是交集。

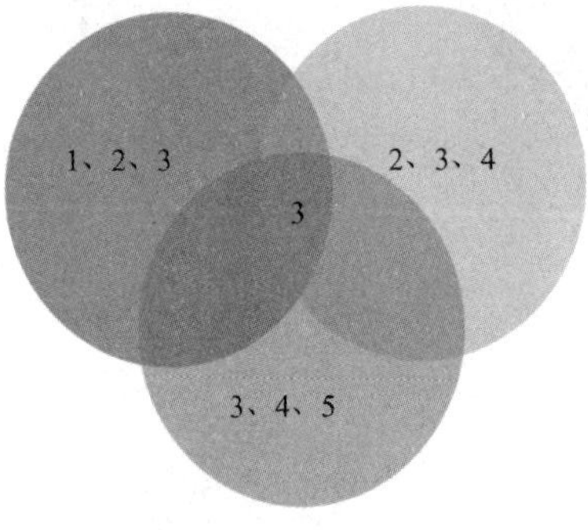

数字交集示例

那么，“五圈”究竟是哪五圈呢？

关于“五圈”的具体解释，见表5-1所示。

五圈示意图

表 5-1　五圈释义

我擅长	长文还是短文？长文写免费网文、付费网文和短故事，短文写流量文、投稿、图文带货等题材。
我愿意	我喜欢创作什么选题？喜欢创作流量文，就选择流量文；喜欢给别人讲故事，就选择免费网文、付费网文和短故事。
我能够	未必自己喜欢但能够持续深耕的作品类目，比如因学业原因对历史选题能够持续输出，但对个人成长选题更感兴趣，可是又没有个人成长选题的创作经验，此时选择的“我能够”更倾向于历史选题。
利益周期	创作这一类选题是希望短期获利还是长期获利？短期获利走流量文，长期获利走网文、投稿、征文。
创作模式	创作模式分多类，包括但不限于工作室创作、团队创作、个人创作。工作室创作不要用有版权风险的题材；团队创作要考虑清楚谁主导谁配合；个人创作要考虑能创作哪些选题。

具体案例

我擅长：流量文中的娱乐热点、个人成长文、脑洞系统文和短故事文。

我愿意：创作娱乐热点文、小白爽文和短故事文、带货文。

我能够：创作流量文中的历史文、娱乐热点文，网文中的历史文、系统文和短故事文。

利益周期：愿意选择短周期有回报的流量文，而不是长周期有回报的网文和故事文。

创作模式：个人创作。

以上五点取交集后，发现能创作的只有流量文中的娱乐热点文。

接下来进入自我训练环节，请采用五圈定位法找到适合自己的选题方向。

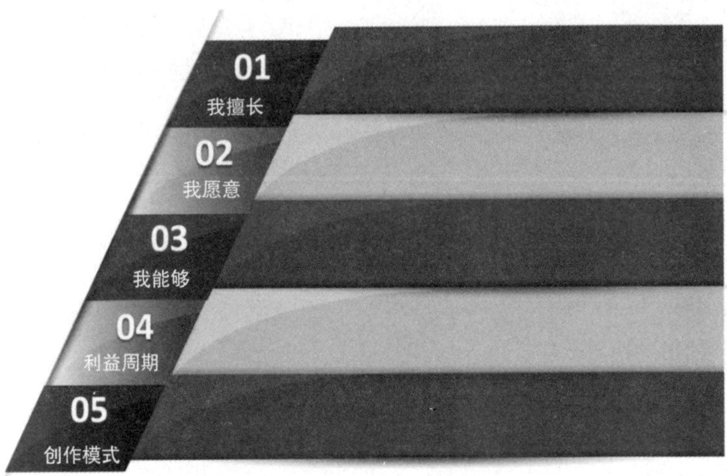

自我训练

5.3　流量类选题方向定位法——交叉要素法

当五圈定位法无法确定需要创作的选题方向时，就需要用到第三种方法——交叉要素法。

交叉要素法非常容易理解，即我擅长 + 我擅长 + 我擅长 + 我擅长，诸多擅长内容放在一起，取最大交集即可。

这里讲的“擅长”指的是擅长的创作方向、类型、内容、写作效率，见表 5-2。

表 5-2　交叉要素法

我擅长	内容	取交集	结果
我擅长	短篇文章或短故事，单篇文章不超过 5000 字	取交集	这类博主非常适合写流量文、投稿或征文，而三类当中以教育、励志、个人成长为主要创作方向
	写个人成长励志的文章		
	写文章时通过故事吸引读者		
	快速输出，单篇文章字数不超过 2000 字		

参考上述案例，将自己擅长的领域填入下图，并找到交集，这就是你的选题方向。

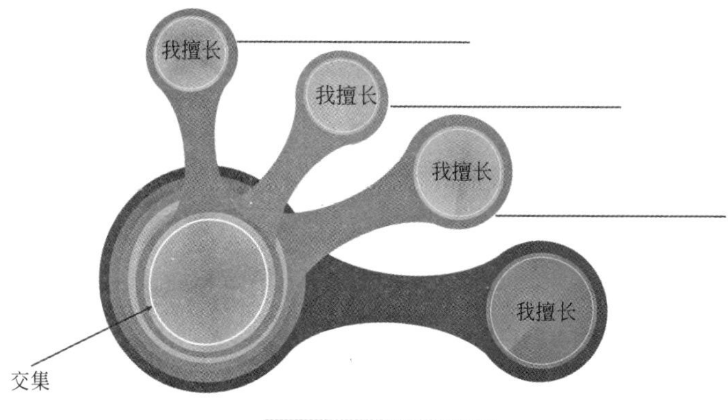

5.4 流量类选题方向定位法——选题倒推法

在进行图文内容创作时，如果实在不知道自己该创作什么选题，在什么题材上持续发展，可以采用选题倒推法，也可以称为目的前置法。先把最终结果列出来，以结果为导向，通过倒推的方式确定流量类选题方向。我们举两个案例。

案例一

我想加入网络作家协会，那么至少要有一本非常优秀的网络小说，此时选择的图文创作方向是免费网文和付费网文。

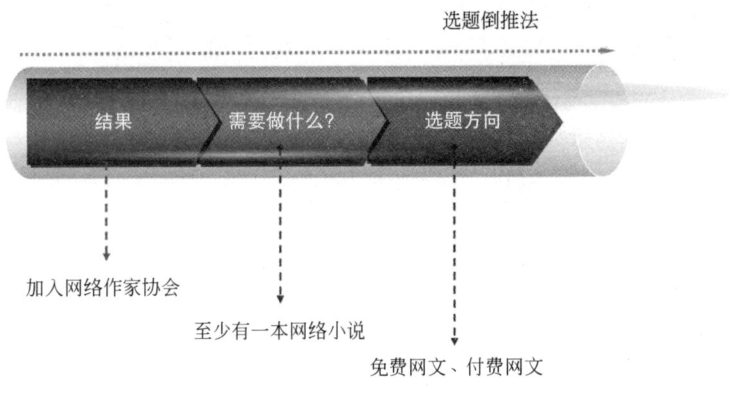

案例二

我想要成为百家号平台的签约作家，为此需要持续不断地在百家号进行图文内容创作，先积累粉丝达到平台签约的门槛，此时需要创作的是流量文。

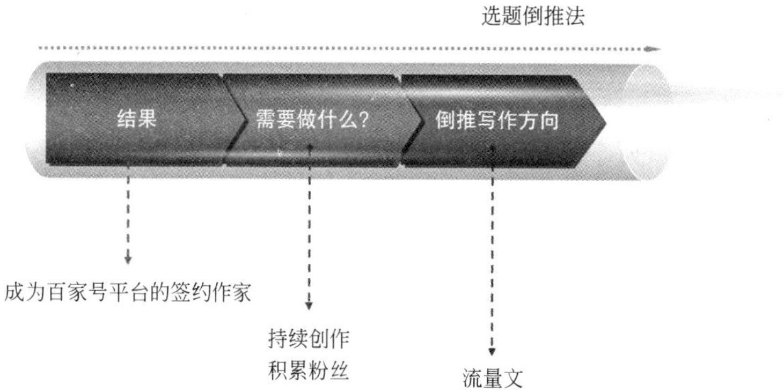

接下来请大家进行自我训练，通过选题倒推法确定自己要写的选题方向。

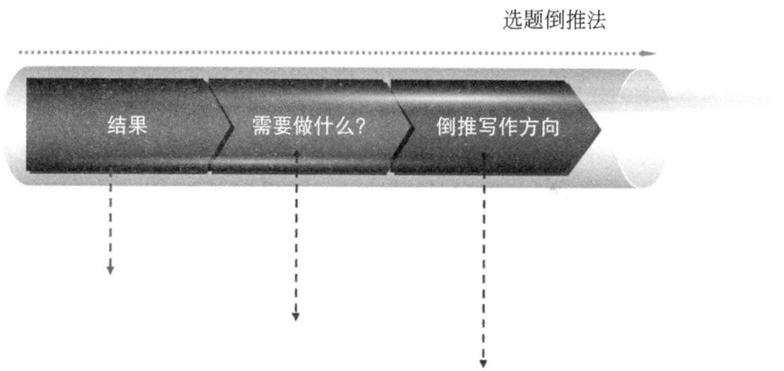

5.5　流量类选题方向定位法——泛创作法

泛创作法指的是，创作者直接创作适合自己的选题和类目，预留出 1 ～ 2 周的试错时间，并从中确定 1 ～ 2 个创作类目即可。

具体案例

例如我喜欢创作小白爽文、脑洞系统文、育儿教育新媒体流量文，但是不知道哪一类更适合我，那么就可以拿出 1 ～ 2 周的时间进行试错，这几类选题方向都写一写，哪个顺手写哪个，哪个选题能赚到钱写哪个，哪个适合持续创作写哪个……之后进行分析总结，找到适合自己的创作方向。

接下来进行自我训练，在下图的四个分支中填入自己感兴趣的领域，然后针对这几个领域进行试错，并将最终的选题方向填入图中。

第6章

流量类写作规划

——用一年时间，成为优秀斜杠青年

用一年时间，写出好作品！从本章开始，我们依次对流量类、付费类和 IP 类的写作进行规划。本章以流量类写作为例，来制定为期一年的写作规划，这一套规划是我用 6 年时间迭代出来的比较稳妥的发展路线。除了个别情况，大多数的流量类创作者都可以使用这套方案。

6.1 “2+1+9”规划法，让短故事也能变成钱

本节将会为读者讲解“2+1+9”规划法，这是一套以一年为周期的创作规划法，主要针对流量类的八类创作模式，同时会把八大类流量图文创作模式进行单独拆解，便于创作者在短期内快速获利。

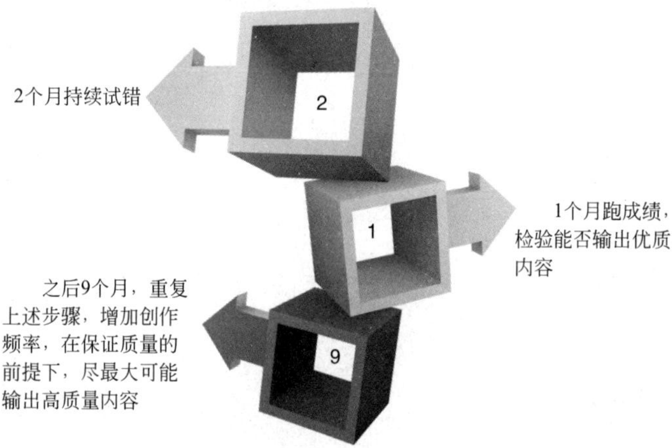

“2+1+9”规划法

流量类写作是短期内最容易见到成绩的，长期来看，只需要提升写作频率和质量即可。这也是为什么流量类写作在所有模式中性价比最高、收益最稳的原因。我们采用“2+1+9”规划法完成初步规划之后，再对流量类的八种写作模式逐一拆解。

流量文规划

流量文规划分为四个步骤。

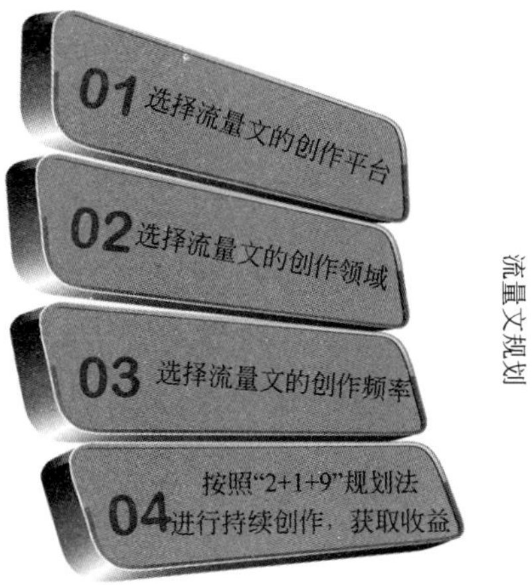

第 1 步：选择流量文的创作平台。见表 6-1。

表 6-1　选择创作平台

平台	平台单价	适合创作领域
今日头条	10 ～ 30 元	全题材全领域均可进行流量变现
百家号	30 ～ 50 元	全题材全领域均可进行流量变现
公众号	50 ～ 100 元	全题材全领域均可进行流量变现

续表

平台	平台单价	适合创作领域
知乎号	广告收益	母婴、育儿等具备商业属性的内容为主
企鹅号	5～10 元	全题材全领域均可进行流量变现
大鱼号	5～10 元	两性情感、明星娱乐、热点领域为主
搜狐号	5～10 元	历史、国际、时事领域为主
一点号	5～10 元	流量偏低
网易号	1～10 元	全题材全领域均可进行流量变现
小红书号	商单变现	个人成长、女性变现、女性职场为主
微博号	广告收益	流量偏低

第 2 步：选择流量文的创作领域。

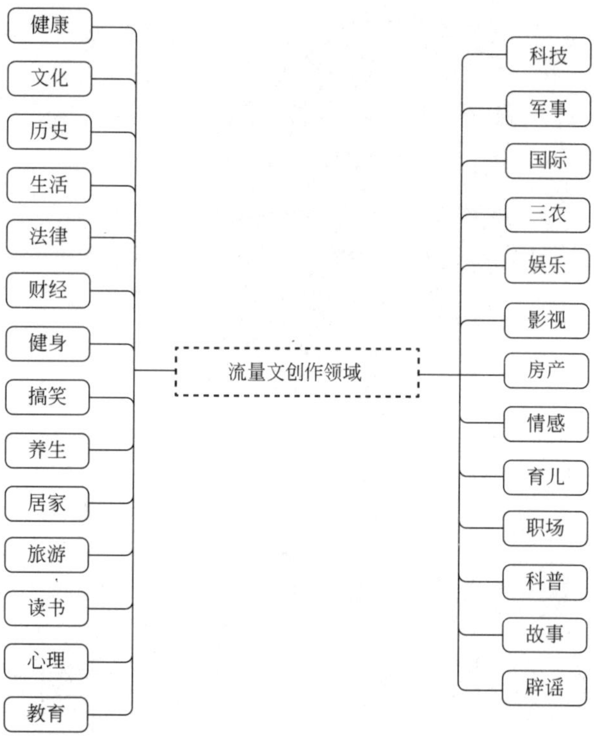

第 3 步：选择流量文的创作频率。建议更新频率为每日 2 ～ 5 篇，且进行多平台同步分发，来实现效益最大化。

第 4 步：按照 2+1+9 规划表进行持续创作，获取收益。

免费 / 付费网文规划

免费网文是近年新兴的网文群体，一般以七猫免费小说和番茄免费小说为主，其余免费小说性价比较低，排名相对靠后，对新手创作者来说不是很友好；付费网文起步较早，以起点、逐浪、晋江、17K 等平台为主。

网文规划分为三步。

第 1 步：选择网文平台。

确定自己创作的内容更适合在免费网文平台发布，还是付费网文平台发布，免费网文平台读者群体年龄普遍偏低，对小白爽文或脑洞系统文更青睐；付费网文平台读者群体年龄普遍偏高，对有底蕴、有逻辑的历史文、玄幻文等体裁更加青睐。

第 2 步：进行短平快的爆发式创作。

无论是免费网文内容，还是付费网文内容，都需要短平快爆发创作。免费网文平台有验证期、推荐期；付费网文平台有第 1 波流量推荐、第 2 波流量推荐，按照每天更新 5000 ～ 10000 字来算，两个月的时间足以更新 30 ～ 60 万字，在该周期里就能预估这本小说是否符合市场需求。

一般按照在读人数高于 1 万、收入高于 100 元来判断，如果数据达标，那么接下来的一个月可以持续创作来判断是否值得深耕。如果数据不达标，则需要重新走 2+1+9 周期。

第 3 步：进行优质内容创作。

当创作者经历了前三个月网文内容创作，且数据非常可观时，就可以持续创作这本小说了。原则上不要低于 300 万字，在没有找到更优质的选题前不建议盲目切书去创作新题材。

投稿规划

投稿一般首选平台为公众号，除公众号外，各大期刊、杂志、报社也都有收稿。接下来我们以公众号投稿为例进行讲解，一共分为三个步骤。

第 1 步：选择投稿平台，并详细阅读其收稿标准和往期发布的稿件内容。

随机选择某公众号，并以其收稿要求为例，看一下其收稿的主要方向。

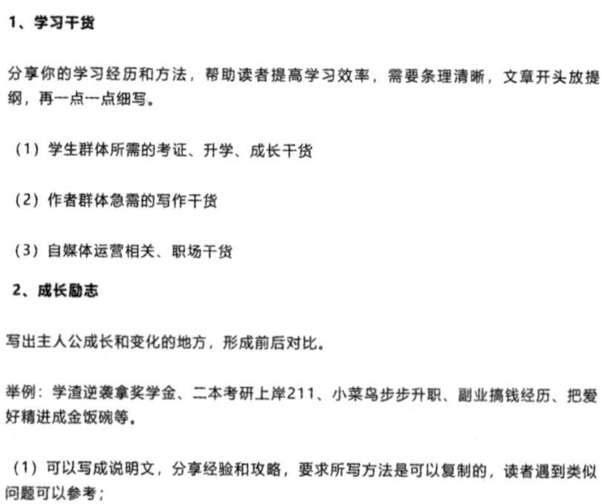

1、学习干货

分享你的学习经历和方法，帮助读者提高学习效率，需要条理清晰，文章开头放提纲，再一点一点细写。

（1）学生群体所需的考证、升学、成长干货

（2）作者群体急需的写作干货

（3）自媒体运营相关、职场干货

2、成长励志

写出主人公成长和变化的地方，形成前后对比。

举例：学渣逆袭拿奖学金、二本考研上岸211、小菜鸟步步升职、副业搞钱经历、把爱好精进成金饭碗等。

（1）可以写成说明文，分享经验和攻略，要求所写方法是可以复制的，读者遇到类似问题可以参考；

公众号收稿要求

第 2 步：进行大面积试错。

新人公众号投稿的固定流程为第 1 次投稿被拒或要求修改，第 2 次投稿被要求修改，第 3 次投稿投中。三个周期大概需要耗时 30 ～ 45 天。

第 3 步：深度链接，成为合作伙伴关系。

持续对某个优质公众号投稿，一旦获得该公众号的认可，会获得对应的证书或邀请创作者成为合作伙伴。创作者应该抓住这次机会，并将其发展为稳定的副业。

短故事规划

短故事规划一共分为三个步骤。

短故事一般首选知乎、网易以及各大新兴的免费网文平台。我们以知乎为例进行讲解，在知乎后台找到盐选计划并点击进入，在选择身份时，一般选择签约创作者即可。

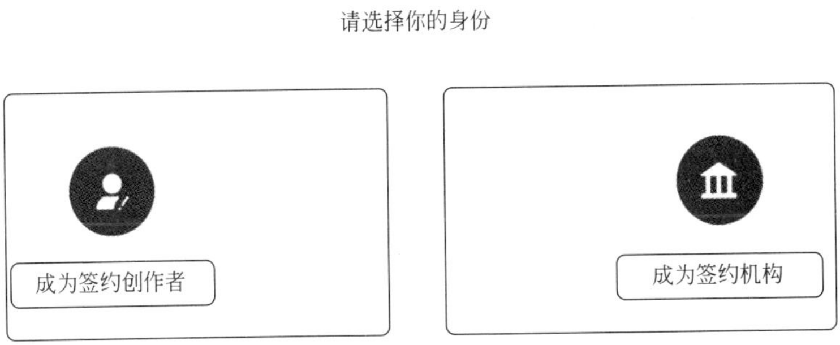

签约机构需要有机构名称以及合作说明、机构运营负责人信息（对新手来说意义不大，且难度较高）。接下来就可以创作短故事、签约合同、通过做内容的分发来获取收益。

第 1 步：选择平台并进行图文创作。选择平台至关重要，我们可以选择知乎、网易、番茄、七猫以及其他接收短故事的平台或机构。

第 2 步：试错并分析成绩。短故事相比于网文创作周期更短，一般一个月就能判断有无爆款的可能。

第 3 步：用 9 个月的时间来重复上述工作，争取成为一位优秀的短故事签约作家。

签约后的后台界面

图文带货规划

图文带货规划分为四个步骤。

第 1 步：选择图文带货的创作平台。见表 6-2。

表 6-2　图文带货创作平台

图文带货平台	图文带货现状	个人建议
今日头条	流量不高，容易遭受打压	当作次要平台运营
百家号	流量较高，一般不会遭受打压	当作主要平台运营
公众号	流量较高，一般不会遭受打压	当作主要平台运营
大鱼号	流量不高	当作次要平台运营
知乎号	流量不高	当作次要平台运营
小红书号	很容易出现爆款，流量较大	当作主要平台运营

第 2 步：用两个月时间创作大量的图文带货内容。图文带货相比于流量文以及其他题材的文章来说，最重要的在于两点。

其一破题点，开篇 300 ～ 500 字能否让读者阅读下去？

其二号召力，在文章、微头条结尾，能否通过简短的几句话让读者觉得物超所值？

只要满足这两点就可以卖出好成绩来。

第 3 步：用一个月的时间做数据复盘。此时要把过去两个月做的图文带货内容放在一份 word 文档里，然后按照单条图文带货数量的高低、网友评论的好坏，以及创作题材售卖的产品佣金比例等数据，做一套可视化的数据图，由此判断接下来应该带什么产品以及以怎样的频率去带该款产品。

第 4 步：用 9 个月的时间持续创作来获取更高收益。

图文转视频规划

图文转视频是一种新型的图文变现模式，需要借助人工智能。创作者把写好的文章复制到人工智能软件当中，然后进行一键生成视频，之后适当调节背景、音效、画面、字幕等内容，来增加可读性，见表 6-3。

表 6-3　图文转视频

图文转视频用到的软件	备注补充
AI 成片	百度人工智能软件，可以将文字转成视频，性价比最高
剪映	字节跳动人工智能软件，可以将文字转成视频
快影	快手人工智能软件，可以将文字转成视频
嗨格式录屏	可以手动录制需要的电影、电视剧素材，但需要付费
万兴喵影	智能初剪功能可以减掉气口，让内容更有节奏感

图文转视频变现的平台，见表 6-4。

表 6-4　图文转视频变现平台

平台	补充
今日头条	可以参加西瓜视频的中视频计划，流量收益非常可观
百家号	相比较而言，流量收益属于第二梯队
企鹅号	流量收入一般且其他变现模式相对较难
大鱼号	流量收入一般且其他变现模式相对较难
搜狐号	流量收入一般且其他变现模式相对较难
一点号	流量收入一般且其他变现模式相对较难
网易号	流量收入一般且其他变现模式相对较难
知乎号	流量收入一般且其他变现模式相对较难
快传号	流量收入一般且其他变现模式相对较难
B 站	接商单容易，流量收益相对较高
抖音	可接商单，可同步今日头条的中视频计划
快手	可接商单，可参加光合计划，获取流量收益
小红书	可接蒲公英商单，没有流量收益
视频号	新兴平台短期不内卷，红利多，但规矩也多，限制条件较多

图文转视频规划共分为三步。

第 1 步：确定图文转视频软件及图文转视频平台，用 2 个月的时间做实操。

第 2 步：用 1 个月时间做数据复盘来筛选或剔除部分平台，保留几大主力平台。相比于只发图文，图文转视频耗费时间、精力更多，设备要求也较高，所以这种情况下，不建议大家所有平台同时发布，而是挑选几个优质平台做重点运营。

第 3 步：用 9 个月的时间持续创作来获取更高收益。

征文规划

征文可参与的平台以今日头条、百家号、企鹅号、知乎号、快传号为主，我们以今日头条为例进行讲解。

打开今日头条后台主页的“成长指南”，点击“创作灵感”，再点击右侧的“创作活动”，选择文章类，参与状态选择全部，垂直领域选择全部，就能够看到可参与的创作活动。

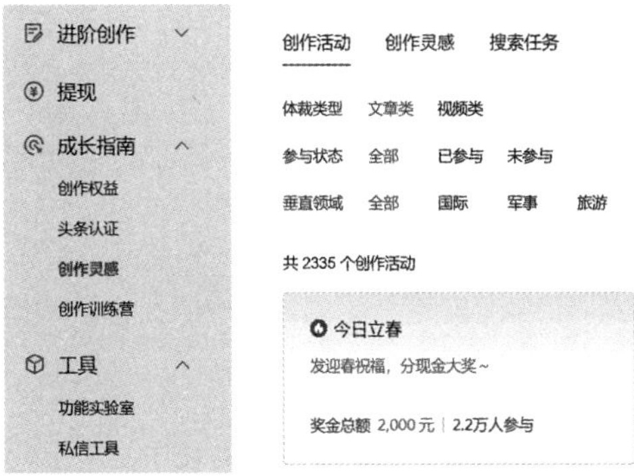

我们以“今日立春”活动为例，点击今日立春的征文活动。在活动主界面就能看到活动奖励，除此之外还有参与活动的具体要求及评比标准。由于文章篇幅原因，所以此处不截图，感兴趣的读者可以注册头条号查看。

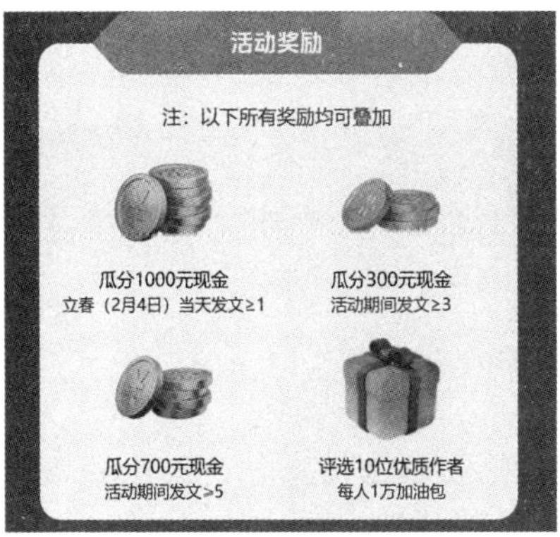

立春征文活动

各大平台的征文活动相差不大，活动周期一般为一个月一次，所以“2+1+9”需要微调为“1+1+1+9”。

征文规划分为两步。

第 1 步：先用 1+1+1 持续参加各大平台的征文活动（创作三个月），然后查询征文是否获奖，以及获奖征文的内容。

第 2 步：再用 9 个月持续创作，来获取更高收益。

6.2 流量写作优势及短板分析

流量类写作理论上是最没有门槛的，但不建议创作者深耕，想在写作领域出成绩就需要不断精进，进行付费类创作和 IP 类创作。

流量类写作有以下七个优势。

优势一：可实现快速变现。

流量文写作的变现逻辑是什么呢？创作完成后只要有人看就有收益。如何能做到有人看呢？第一，写热点内容；第二，符合平台推荐逻辑。只要满足这两点，就能够在最短时间内实现快速变现。

优势二：创作基本没有门槛。

选择自己愿意创作的任意题材，比如写育儿、教育、历史、三农，等等。

优势三：套路模板创作。

所有流量类内容创作只需掌握一个模板，保证质量的前提下持续复制，不断创作即可。

优势四：数据易分析。

以今日头条为例，点击任意作品的数据详情，就能够看到完整的数据，包括但不限于展现阅读量、粉丝阅读量、点击率、平均阅读完成率、平均阅读时长、创作收益、粉丝变化、阅读转粉率、评论、点赞、转发、分享、收藏多种数据，这些数据在其他体裁中很难分析出来。

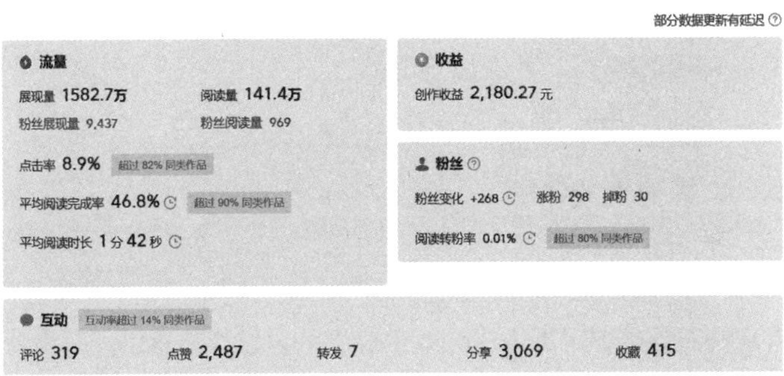

优势五：可做兼职副业。

流量类写作不需要每天拿出固定时长进行持续深耕，免费网文和付费网文除外，甚至每天不进行内容创作也不会影响到账号。创作时间相对散碎，对于短期内没有持续创作意愿的内容创作者来说，当作兼职副业再合适不过。

优势六：实现矩阵化创作。

所谓的矩阵化创作就是拥有一家公司，通过公司的方式注册自媒体账号（账号为企业号）。企业号在今日头条、百家号等多家自媒体平台有权限获取矩阵，包括但不限于统一提现、对账号进行批量化管理。

优势七：易打造爆款。

例如在上图中，单篇文章获得的直接收益超过了2000元。在进行流量类题材创作时，获得单篇文章或单份作品的爆款，相对容易一些，依托流量带来的收益更可观一些。

事情往往都有利有弊，有优势也会有短板，那流量类写作的短板有哪些呢？一共有以下几点。

短板一：需要重复创作。

重复创作听起来不是贬义词，但当每天创作的内容模板一样，写出来的内容类似，那么3～6个月就会有创作疲惫感，甚至怀疑自己重复创作的意义究竟是什么？从长远角度分析，创作时间越长，创作内容越多，获得的成就感越低，个人获得的成长也越小。

短板二：无长期收益。

流量类创作，只有创作时才有收益，而一旦放弃或者短期内无法创作，就没有收益。有收益和没有收益间的转换极其明显，因为一篇文章的推荐周期也就 3 天左右。

短板三：容易泛化。

当我们进行流量类图文创作时，一旦摸清脉络，就很有可能创作多领域、多选题的内容，容易出现爆款。但对于个人 IP 的打造或持续优质输出来说，反而是拖累。

短板四：有一定概率内容低俗化。

在进行图文内容创作时，文章偏擦边或低俗，有一定概率能获得小爆款，这种小爆款对于新手图文作者来说很容易误入歧途。创作者写内容一定要有底线，需要承担责任。偏低俗内容的确有可能在短期内吸引读者注意，但长期来看一定会被平台重点标记，限流、封号，甚至需要承担法律责任。

短板五：容易产生版权问题。

流量类写作写明星、娱乐或实时热点话题时，很有可能因侵犯当事人的肖像权、名誉权等诸多权益面临作品下架，甚至被起诉的风险。

短板六：很难产生深度阅读。

流量类的主要目的是让读者读得舒服、读得爽，也正因如此，所以很难产出深度文章。

第7章

付费类写作规划

——用一年时间，把知识变成钱

有些新人创作者认为把知识卖给别人是不是太功利了？这种想法大可不必有，要知道很多人正是因为学到了创作者传授的知识，从而才能在某些领域获得成绩，这是很正常的市场行为。所以，进行付费类写作是创作者的目的，一定要有能力把自己的知识变成钱。

7.1 给知识做定位，输出——受众——定价三板斧分析

关于知识付费这件事，创作者一定要慎重对待，因为知识付费做得好，可以一传十、十传百、百传千、千传万，实现“打造个人小 IP”的目标。然而，如果知识付费做得不好，就有可能饱受诟病，严重影响自己的口碑。

正因此，知识定位是非常重要的，我总结了一套“三板斧分析论”，即输出、受众、定价。

为了便于理解，需要从后往前推，优先讲解知识产品的受众和定价，然后再讲知识输出的种类。在此之前，需要先了解知识输出的四种形式，见表 7-1。

表 7-1　知识输出的四种形式

输出形式	受众	定价	知识产品作用
图文	中老年人居多	19.9 ～ 199	引流

续表

输出形式	受众	定价	知识产品作用
视频	年轻人、中年人居多	19.9 ~ 3999	无售后课程 + 引流
直播	年轻人居多	499 起步	高价课
音频	暂无市场	暂无市场	认知了解

通过上表不难发现，知识输出形式总共分为四种，所面对的群体是不一样的，最终的定价也是不一样的。其中音频类知识产品几乎没有什么市场，直播课的性价比是最高的，所能够交付的知识产品的价值也是最大的，对接的人群也是最优质的。

视频课程往往分为两类，其一是有交付，其二是没有交付。没有交付多以轻课、小课为主，售价一般不会超过 199 元，主要目的是为了引流和变现，而重交付的内容往往会按照每月为一个周期开展线上或线下训练营，以此来尽最大可能实现知识付费的高效收益。

图文课程目前的市场份额相对偏低，一般以中老年群体居多，且因为图文内容的创作形式简单，被复制、被剽窃或被借鉴的概率较大，所以读者群体往往对图文内容的购买会慎之又慎。很多情况下，即便创作者做出了优质图文课程，也难以找到愿意为此付费的读者群体。也正因如此，图文课程一般售价极低且主要功效为引流。

接下来重点讲解知识付费最关键的一环——输出，创作者应该输出怎样的知识内容呢？我做了一份表格，该表格理论上涵盖了大多数知识付费产品。见表 7-2。

表 7-2　知识内容一览表

理论知识	技能知识	经验知识	人脉知识
概念知识	操作技能	个人经验	行业专家
事实知识	沟通技能	社会经验	合作伙伴
原理知识	思维技能	实践经验	社交网络

创作者需要考虑清楚，自己究竟应该做哪一类的知识 IP，在做这一类知识 IP 时，又应该如何做定价？

7.2　四大类特殊知识单独拆解，谨言慎行有资质

在进行付费类写作规划前，要重点讲解四个特殊领域，这四个领域在今日头条、百家号、快传号、公众号等诸多自媒体平台上都有严格限制，但并不是禁止创作者进行内容创作，只是需要一些权限和资质，因为一旦创作者盲目进行创作，会给读者和平台带来极大损失。

领域一：医生领域

以百家号为例，想要在百家号进行医生领域的内容创作，需要提供所在科室、申请人职称和职称证图片，以及执业证书编码、执业医院性质和执业证书图片。即准备两张图片，一张是医生职称证图片，另外一张是执业证书图片。

之所以各大平台对医生领域如此慎重，是因为医生的本职工作是治病救人，医生在互联网上发的每一句话，都更容易被民众所接受并付诸行动。如果医生发表的言论是正确的，对于

平台来说可能是件好事；但医生发表的言论一旦是虚假的，对平台来说则是重大隐患，可能带来难以估量的损失。

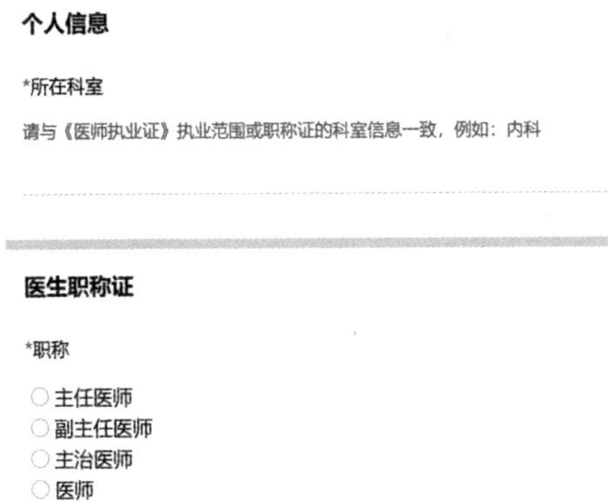

个人信息

*所在科室

请与《医师执业证》执业范围或职称证的科室信息一致，例如：内科

医生职称证

*职称

〇 主任医师
〇 副主任医师
〇 主治医师
〇 医师

个人信息和职称展示

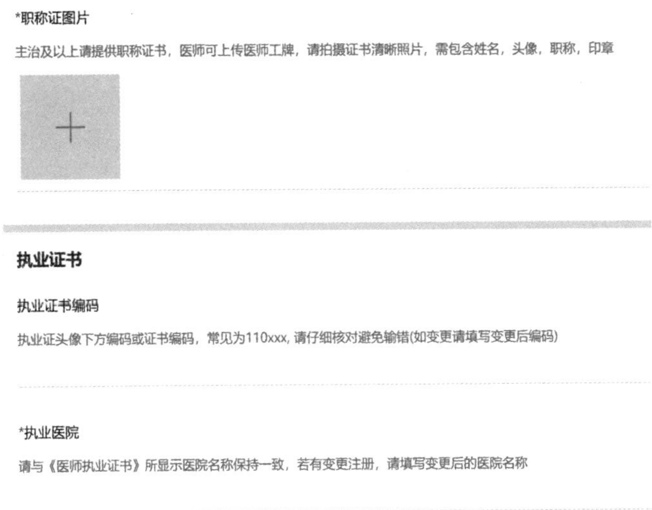

*职称证图片

主治及以上请提供职称证书，医师可上传医师工牌，请拍摄证书清晰照片，需包含姓名，头像，职称，印章

执业证书

执业证书编码

执业证头像下方编码或证书编码，常见为110xxx，请仔细核对避免输错(如变更请填写变更后编码)

*执业医院

请与《医师执业证书》所显示医院名称保持一致，若有变更注册，请填写变更后的医院名称

职称证照片和执业证书展示

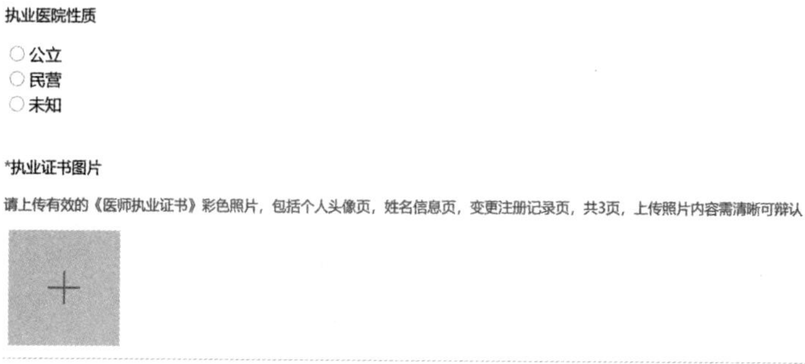

执业医院性质

○公立
○民营
○未知

*执业证书图片

请上传有效的《医师执业证书》彩色照片，包括个人头像页，姓名信息页，变更注册记录页，共3页，上传照片内容需清晰可辩认

执业医院性质和执业证书图片展示

如果读者是因为读了某位创作者在该平台创作的文章并进行了实践，最终出了问题，不仅内容创作者要担责，平台也需要承担责任。这就导致平台对医生领域的内容创作要求极高，甚至达到了苛刻的地步。

伪医生创作的一篇没有科学依据的文章，对于正需要治疗的病人来说，简直是无妄之灾。所以即便创作者拥有相关的医生职称证和执业证书，也需要少言慎言。在不清楚患者的具体症状之前，不要使用绝对的话术。

领域二：健康领域

以今日头条为例，健康资质包括医生和健康两个领域，所以健康资质细分为医学科普资质和中医资质等多个医生资质，医生、健康两个领域的重叠度较大，很难做细致区分。

以健康资质当中的养生保健资质为例，想要入驻今日头条健康领域需要提交的资质认证包括哪些呢？如下图所示。

健康领域资质认证展示

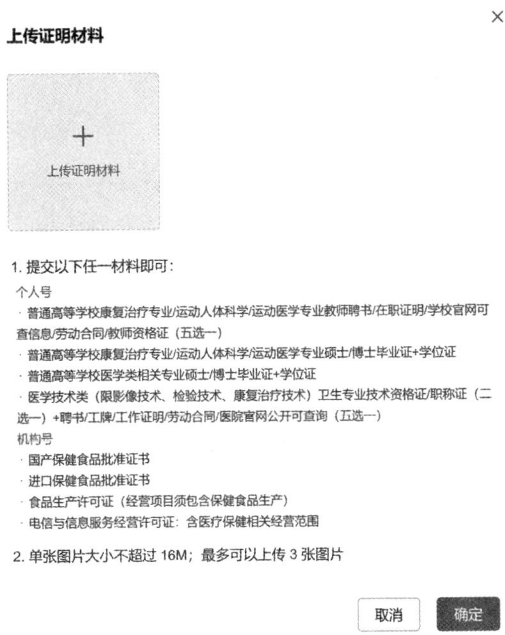

健康领域资质认证页面展示

领域三：法律领域

法律领域一般需要法律行业的执业证书或资质证书，各大平台没有对法律领域所需的资质做单独标记，但创作者如果持续创作法律相关选题时，一定要认证律师标签。因为律师行业的措辞需要严谨，尤其是在给粉丝解读法律条文时，如果是专业人士解析没有任何问题，但非专业人士解析容易使人产生错误认知，这部分错误认知很有可能会误导读者，并且让平台的口碑受损。

领域四：财经领域

财经领域主要创作内容涉及股票、基金、贵金属、外汇、期货、保险等各大专业选题，尤其股票和基金问题更是非常敏感，必须由专业人士做内容创作，如果是非专业人士做内容创作，很有可能对企业、对经济发展带来不可估量的损失。

以股票资质为例，上传的资质和健康资质大致相同，是多选一模式。需要注意的是，在进行股票、基金等内容创作时，千万不要引导用户抛售股票或购买基金，这种行为风险极大。我们能做的只能是对相关内容做拆解，对相关选题做研究，不能具备引导性质。

财经领域资质认证展示

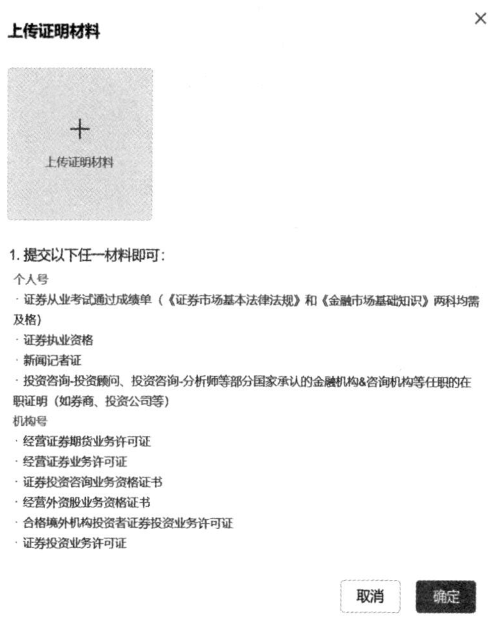

财经领域资质认证页面展示

7.3 “9+2+1”规划法，把无价知识变成有价产品

本节将采用“9+2+1”规划法针对付费类的七类创作模式进行讲解，便于创作者在图文内容创作中实现长期获利。

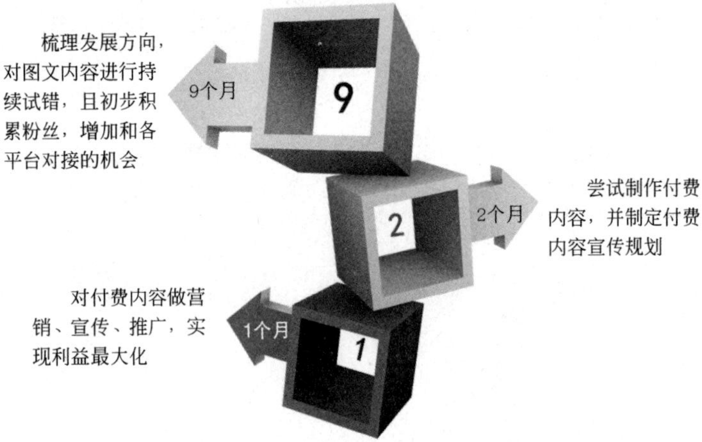

“9+2+1”规划法

在开始创作之前，一定要了解付费内容的三点底层逻辑。

1. 写出来的作品要物超所值，值得读者群体花钱去看。

2. 需要有能让读者花钱去看的渠道，让读者的钱有地方花。

3. 要有良好的口碑服务意识，读者花钱阅读完作品之后不至于都是差评。

接下来对付费类的七种写作模式逐一拆解。在七种写作模式中，读书、拆书稿、荐书稿的变现规划大致相同，软广和硬广的变现规划大致相同，具体分类如下。

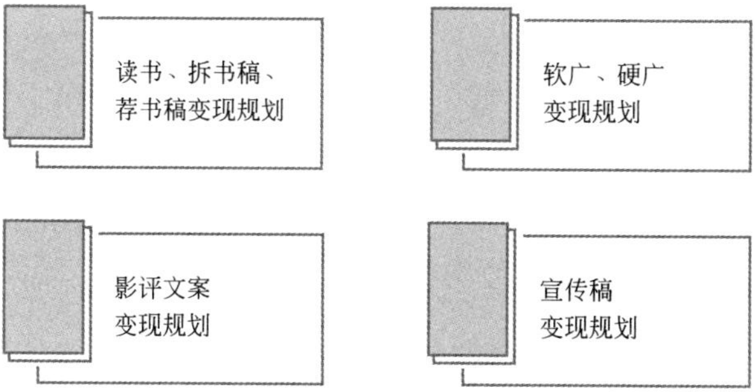

四种变现方式归纳

读书、拆书稿、荐书稿变现规划

读书、拆书稿、荐书稿变现规划一共分为四步。

第 1 步，找到可变现的平台。读书、拆书稿、荐书稿的变现模式相对特殊，需要与平台进行深维度合作和变现，且可做变现的平台相对较少，见表 7-3。

表 7-3　变现的平台 & 模式推荐

平台	创作模式	变现方向
今日头条	图文	图书带货、图书拆解
百家号	图文	图书带货、图书拆解
知乎号	图文	图书带货、图书拆解
豆瓣	图文	图书带货、图书拆解，有图书出版的机会
抖音	图文 + 视频	图书带货、图书拆解、视频或直播卖货，有打造个人 IP 的机会
快手	图文 + 视频	图书带货、图书拆解、视频或直播卖货，有打造个人 IP 的机会
小红书	图文 + 视频	图书带货、图书拆解、视频或直播卖货，有打造个人 IP 的机会
视频号	图文 + 视频	图书带货、图书拆解、视频或直播卖货，有打造个人 IP 的机会

第 2 步，训练文笔，实现高效输出内容的目的。无论是读书变现还是拆书稿变现、荐书稿变现，其核心逻辑永远都是书。我们需要把书中的内容、知识点、价值观等介绍给读者，在介绍之前需要对书籍有基本了解，同时要了解写作模板和技巧，并初步积累粉丝。

第 3 步，用两个月的时间制作付费内容，包括为书籍做宣传稿，做视频讲解，进行图书带货，等等。

第 4 步，用一个月的时间，把自己做的付费内容营销推广出去。比如今日头条、百家号、知乎号、抖音、快手、小红书和视频号都可以进行带货，同时可以转发自己创作的内容进一步提升阅读量，加大爆款的概率和可行性。

软广、硬广变现规划

软广、硬广变现规划一共分为四步。

第 1 步，找到可变现的平台。软广、硬广其底层逻辑都是通过文字的方式对某品牌、某企业、某产品做推广，见表 7-4。

表 7-4　各平台参与方式与优劣分析

平台	参与方式	优劣势讲解
今日头条	巨量星图	商单单价较低，但参与机会较大，获得变现的可能性较高。
百家号	度星选	商单单价普遍偏高，但一般由平台主动介入，且对粉丝需求和黏性要求较高。
知乎号	芝士平台	参与商单概率较低，一般侧重于母婴育儿等赛道。

第 2 步，用 9 个月的时间持续增加粉丝。无论是软广变

现还是硬广变现，对粉丝的要求都极高，初级合作粉丝都需要万粉以上，粉丝低于 1 万，就算有商单合作，报价也不会超过 100 元每条。所以创作者需要用 9 个月的时间持续增加粉丝数量，包括参与热点内容创作，在图文内容创作时预留钩子伏笔来吸引读者阅读，等等。

第 3 步，用 2 个月的时间参加各平台软广、硬广活动。无论是软广合作还是硬广合作，其参与步骤基本是甲方提交需求，平台方提供可合作作者，作者主动参与做大纲、做内容、做多次修改，每一环节至少校对两次。

一条合格的软广或硬广耗费的时间一般不会低于两周，但也不会高于一个月，所以创作者可以用一个月的时间进行初步尝试，以此判断是否适合软广、硬广的商业变现。

第 4 步，用一个月的时间来持续创作，重复之前的步骤，实现高效变现。

影评文案变现规划

影评文案变现规划一共分为四步。

第 1 步，找到可变现的平台。这里的平台比较特殊，理论上只要能够带来流量，任何一个平台都可以，包括今日头条、百家号、公众号、企鹅号、大鱼号、视频号、网易号等诸多平台，因为影评文案的核心变现逻辑是对即将上架的电影、电视剧拆解，吸引读者前往观看，起到电影宣发、电视剧宣发的作用。

第 2 步，用 9 个月的时间去创作与影视剧相关联的内容。要注意，创作者最开始创作此类内容时没有收到平台的邀请，只是去做电影电视剧的讲解。所以为了避免版权问题，建议创作 2005 年以前的相关电影、电视剧题材，侵权的概率更低，被追责的概率更小。

第 3 步，用两个月的时间参加各大平台关于新兴影视剧的宣传推广活动。以今日头条为例，早几年时会邀请图文创作者前往某些省会城市或北上广深一线城市的定点电影院观看电影首映。但有个前提，需要在观看完电影首映后创作出一篇不低于 300 字的微头条，创作者可以借此机会做深度链接。

第 4 步，用一个月的时间重复上述操作，实现更高效变现。

宣传稿变现规划

宣传稿变现规划共分为四步。

第 1 步，提升个人文笔。在各大平台以个人成长文为主要创作方向，在创作内容时建议以第一人称或第三人称采访的方式进行图文内容创作，奠定宣传稿基调，此过程需要耗费 9 个月甚至更长时间。

第 2 步，尝试用两个月的时间，对自己周边的企业家或职场打工人做专题访谈。把专题访谈的图文内容发表在今日头条、百家号等各大自媒体平台，以此来吸引读者阅读。

第 3 步，用一个月的时间在今日头条、百家号等平台的后台寻找商单，并进行深度合作，之后可以重复上述操作，实现利益最大化。

宣传稿变现非常特殊，需要有对应的企业愿意为此付费，也就意味着在给企业或个人做宣传稿时，阅读量以及市场的反馈变得至关重要，对于文笔的要求也更高一些。

7.4　付费写作优势及短板分析

付费类写作有以下几个优势。

优势一：提高知名度。

与付费相关的内容能够有效提升创作者的知名度，在 2019 ～ 2024 年这 6 年的内容创作生涯中，我发现凡是付费内容且价格控制在可接受的范围内，同时能为读者提供足够多的价值，受众群体往往更容易接受，也更愿意去宣传、推广该产品。

优势二：建立个人品牌。

当创作者在写付费内容时，如果读者接纳度高，平台就会支持，并邀请创作者创作精品内容，这时就很容易把创作的内容与账号紧密绑定在一起，形成个人品牌效应。

优势三：持续的写作动力。

付费写作和流量写作最大的区别在于，付费写作是有收益的，而流量类的作品是即便创作者努力创作，仍然有可能没有推荐，没人阅读，没有收益。

优势四：获得持续的反馈。

当创作者进行付费类内容创作时，往往会触及与品牌方、平台、读者群体之间的关系，当作品出现问题或不能让读者群体满意时，就会第一时间收到负面反馈；相反，则会收到正面反馈。

优势五：提供个性化服务，增加收入来源。

例如某些企业希望趁着节假日期间推广某款产品或提升企业的口碑，这时就需要平台和付费内容创作者的多方配合，而创作者可以借此机会为企业提供个性化服务，收益也是非常可观的。

付费类写作的短板有以下几个。

短板一：创作压力大。

创作者写流量类作品时，自己想写什么就写什么，属于放飞自我模式，但写付费类作品时，往往需要受到甲方、平台的约束。在这种情况下，创作就不能随心所欲了，也就会涉及改稿问题。创作者可能针对某一份稿件来回修改 3 ～ 5 次，才能让平台或甲方感到满意。

短板二：竞争极其内卷。

以企业宣传稿为例，在 2020 年时，我接一篇企业宣传稿的报价是 1 ～ 1.5 万元，但是 2021 ～ 2022 连续两年的时间，接企业宣传稿报价都低于 8000 元，甚至还有 6000 元、3000 元的稿件，直到 2023 年我的公司改变了运营模式，我们接企业宣传稿的稿件报价才略高一些。

之所以出现这种情况，是因为付费写作带来的收益较高，而收益一旦达到某个临界值，介入付费写作的创作者就会越来越多，市场的供需关系会被打破，此时就只能通过内卷的模式来获得为数不多的利益。

短板三：难以满足读者的需求。

从创作者的角度分析，我们很难满足每一位读者的需求，批评、不满、讽刺甚至是故意抹黑的现象经常发生。站在读者、企业、平台的角度分析，这是付费内容，如果作品不好，他们自然有表达不满的权益。一旦不满的呼声越来越多，创作者面临的压力、创作难度也会越来越大。

短板四：个人观点容易妥协。

创作者进行图文内容创作时，为了实现效益最大化，一定会优先以用户 / 甲方 / 平台的需求为主，自己的个人观点会做出部分妥协。

短板五：可能会影响自己的口碑。

只要涉及付费内容，就难免出现好坏参半的情况，更严重的则是面对一片差评，对创作者口碑的影响会非常大。

对于付费类写作和接下来的 IP 类写作，我的建议是，当创作者没有做好准备时，优先以流量类写作为主，付费类和 IP 类可以在做好充分的心理准备，且具备一定的写作技巧之后再开始。

第8章

IP类写作一年规划

——用一年时间，成为写作IP

IP 类写作不仅限于写作领域，还会延伸到视频、直播等领域，在获取丰厚利润的同时，也要面临相当大的竞争压力与风险。

8.1 四种写作规划，成为写作路上的长期主义者

IP 写作一定要做好长远打算，保证至少坚持一年时间，才有一定概率成为 IP。IP 写作的四种规划如下。

规划一：个人成长写作规划。

创作者要通过写作提升个人综合能力，尽最大可能打造 IP 知名度，制定个人成长规划。

规划二：商业写作规划。

IP 写作属于纯粹的商业写作，无论所搭建的 IP 是大是小，终究离不开利益，因此需要制定一整套详细规划，包括 IP 写作短期内能带来哪些商业利益，长期能带来哪些商业利益，等等。

规划三：学术写作规划。

这里的学术，不是要求创作者进行学术研究，写学术报告，而是在专业领域持续更新、深挖。当创作的内容越来越专业，IP 发展之路也将越走越宽。

规划四：职业作家规划。

所谓职业作家需要保证做到三点，如下图所示。想要做到这三点，首先需要写出好文章，在写作过程中尽可能拓宽人脉，提高自己的写作技能，增加发表作品的概率，同时还要有属于自己的私域，建立粉丝群以及对个人品牌的高效率管理。

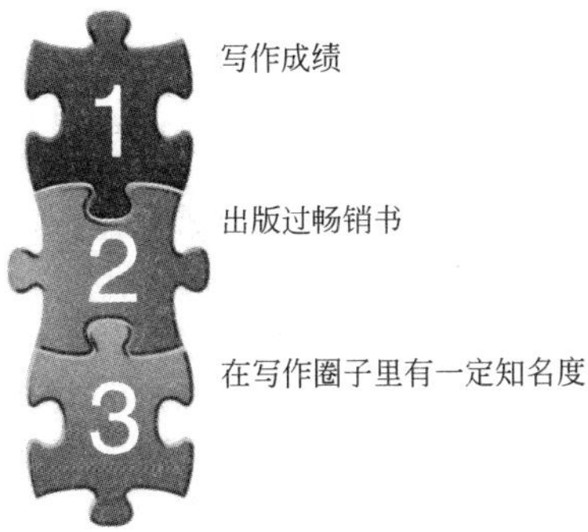

职业作家要求

8.2　打造 IP 的唯二因素——眼缘 + 人品

IP 打造分为三要素，分别是图文、视频、直播。互联网近年来的发展突飞猛进，人们已经不再依托于单一的图文或视频用作娱乐消遣，对知识博主的输出内容有更立体、更直观的需求，那么如何做到立体直观呢？要包括三个关键要素。

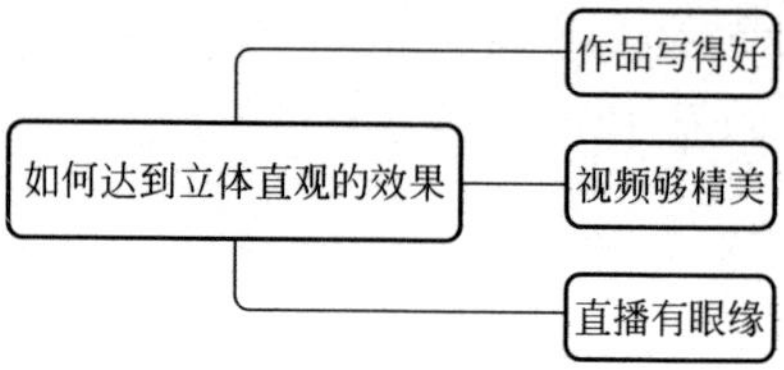

同时，博主想要打造 IP，还有两个关键因素——眼缘 + 人品，我们先讲一下眼缘，眼缘究竟是什么？

来看一个案例，2023 年 10 月，我的一位学员表示，希望通过录制短视频的方式做 IP 博主。他打算录制的视频也非常简单，只需要 15 ～ 20 秒的励志语录，甚至连台词都不用创作，直接在网上复制即可。

当看过他的第 1 条视频之后，我告诉他："目前并不适合往视频方向发展，还是建议以流量类、付费类的图文创作为主，暂且不做 IP 类输出。"

之所以得出这个结论，是因为学员不上镜。这里的"上镜"不单指一个人的外貌，还包括感觉。这就是 IP 博主做真人出镜视频、直播的最大障碍。有一些知识博主天生没有眼缘，导致读者在通过视频、直播等更立体的方式观看时会产生一种自然而然的排斥感。

这一类博主并不在少数，那么如何提升自己的眼缘呢？我介绍四种方案。

方案一：人物背景与人物穿搭相贴切。

一些博主认为，如果出镜就一定要穿正装，实际上并不一定。有些博主穿正装，反而会给观众造成生疏感和距离感。

真人出镜时，只需保证人物与背景相贴合即可，例如在农村就穿接地气的服装，正式场合就穿正装。这样搭配，眼缘就会大幅提升。

方案二：适当更新设备。

通过更新外部设备提升眼缘，例如使用美颜软件提高颜值，这都是可行的方法。

方案三：用柔和光线取代暗光线或白色光线。

进行视频或直播内容创作时，可以补一些偏黄色或米黄色的光线，拍摄图片搭配某些场景时，也可以采用这样的技巧，给读者营造宽松氛围。

柔和光线下的卧室

方案四：通过头套或玩具遮挡面部。

如果不具备真人出镜条件，可以通过遮挡面部的方式留下神秘感和悬疑感，同时还能引起观众的兴趣。

有些读者会感到好奇，这是写作变现的内容，为什么讲起了直播、视频？因为IP类写作的规划中必然要触及视频和直播，这是无法规避的，通过视频、直播的方式进行推广，效果更好。所以，“眼缘”就显得格外重要。在我看来，眼缘的最低标准，即读者在看到我们的样子，听到我们的声音时，不过分反感即可。

通过面具遮挡面部

另外一个要素则是人品，这里的人品又是什么意思呢？看一个案例，见下图。

图片展示的这位作家原封不动地抄袭了某位图文创作者的内容，抄袭内容后，该图文创作者直接把图片发到了MCN官方矩阵群中。千万不要小看这件事，MCN官方群里的博主每个人手下的子账号一般都不会低于10个，甚至会超过50、100、

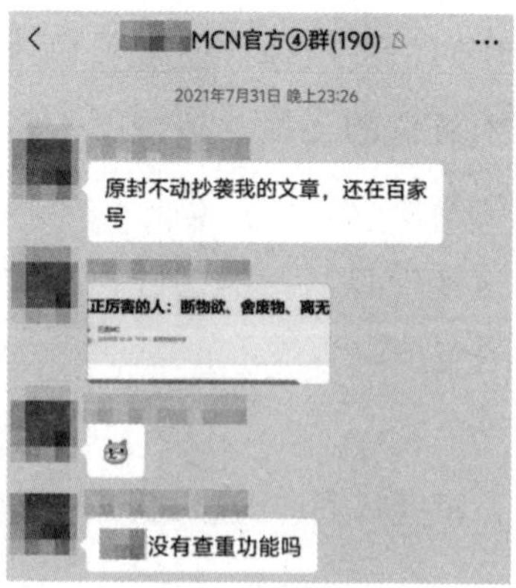

内容违规案例

200 个，在写作圈子这么一折腾，大家都知道谁在抄袭作品了。

当创作者做 IP 类创作时，过去的黑历史很容易被扒出来，试想一下，你现在是一位知名的图文类博主，一年出版 3 ～ 5 本畅销书，去各地做访谈，在写作领域已经有很高的知名度，突然被人扒出曾经大面积抄袭别人的作品，口碑一定会受极大影响。

所以做 IP 不是一时兴起，一定要从长远角度考虑。

8.3 “11.5+0.5”规划法，让 IP 由小变大

“11.5+0.5”规划法，其中 11.5 指的是 11 个半月，主要是积累阶段；0.5 指的是半个月，当前期积累到一定阶段之后，寻找合适的契机寻求突破。

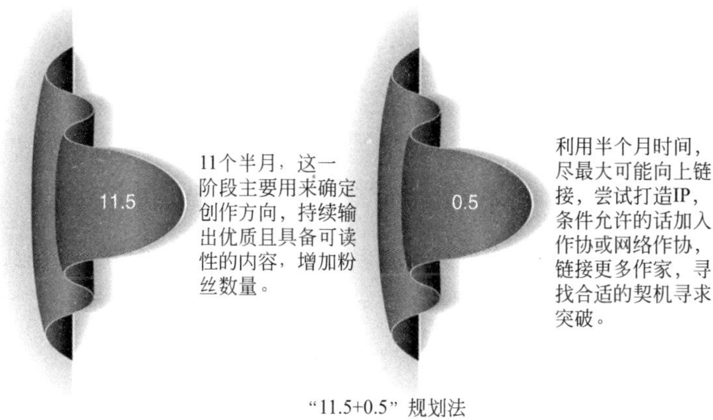

“11.5+0.5”规划法

相比其他写作模式来讲，IP 类写作的难度更大，成功率也

更低。正因此，在一年的 IP 写作周期内，要用“11.5”进行储备，最后的“0.5”则是用来寻找机会，一鸣惊人的。

IP 类写作只有实力是不够的，还要与机缘结合。IP 类写作一共分为六种模式。

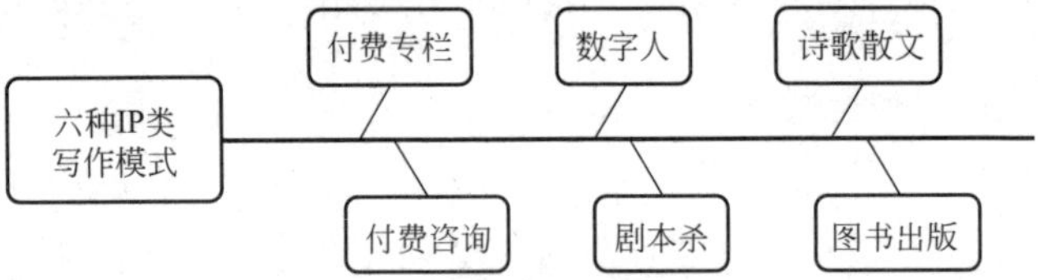

六种 IP 类写作模式

以上六种模式变现需要怎样的知识储备？拥有哪些机缘才可以实现呢？接下来具体讲解。

第一类：付费专栏。

2018 ～ 2020 年是图文付费专栏最火爆的时间段，当时市场报价 399 的专栏很容易卖到 1000 份，甚至 1 万份，可谓赚的是盆满钵满。当时的付费专栏相较于视频和直播而言，更轻松、更容易，只需要写几篇文章就能够获得高额收益。

目前在各大平台上的付费专栏仍有生存机会，且短期内也有打造 IP 的可能，建议创作者在百家号、知乎号、知识星球以及抖音、快手上进行内容创作。

第二类：付费咨询。

付费咨询相比于付费专栏而言，这些年一直处于爆火状态，以知乎号为主的付费咨询，市场发展前景超乎想象。很多小伙伴点开知乎后发现所谓的付费咨询市场报价也不过 39 元或 49 元，既然报价如此之低，这些付费咨询的知乎博主是如何来变现的呢？

低定价只是初步咨询的费用，后期的收费或者拉私域后的高阶变现才是主要收入。

第三类：数字人。

数字人属于当下阶段新兴的变现模式，很多时候需要创作者提供文案脚本，即数字人的台词脚本。

以腾讯智影为主，目前比较火爆的几大数字人平台市场报价，年报价大概是在 3000 ～ 30000 之间。如果想当区域经理或者获取官方授权，所需要的报价会更贵一些，一般在 10 万以上、50 万以下。但是数字人直播目前观众并不买账，主要原因在于数字人直播太过机械化，短期内很难和真人直播竞争。

然而数字人直播的优势在于可以降低人工成本，例如某些饭店在中午或晚上用数字人直播，效果更好，性价比更高。

第四类：剧本杀。

剧本杀创作的收益在 1 ～ 5 万 / 月，但是现阶段变现难度极大。剧本杀变现要求创作者要有拿得出手的成绩，所以现阶段新人只能是兼职代笔，作品最终只能挂某位成熟作家的名字。

第五类：诗歌散文。

诗歌散文的主要发表路径一般以报社、出版社、杂志社以及各大官网发布的征文活动为主，诗歌散文能够获得的收益极低，但荣誉极高，创作者甚至有可能因为获奖而成为作协的一分子，深入作家圈。

第六类：图书出版。

在21种写作变现模式中，唯有图书出版是真正意义上给自己做背书的。出版一本图书后，加入市一级的作协非常轻松，进入省一级的作协虽然有难度，但后续持续深挖，努力创作出更多更好的作品之后，也未尝不可。

目前市面上图书出版常见的模式一共有三类。

我的衡水市作协会员证

第一类：资助出版。

资助出版，指的是作者自己资助出书，这类书籍往往背离市场需求，含金量低、性价比低、影响力低。

第二类：免费出版。

找到各大出版社的官网平台，点击官网平台右上方的“合作邀约”，或者“我要投稿”，就可以将自己的作品投递到出版社邮箱。不过，目前这种投稿方式得到回复的概率较低，因为大部分稿件并不符合市场书的要求。

介绍一种方法，找到出版社策划编辑的邮箱进行投稿，如果是投到出版社官方邮箱，可能都没人看，但是如果对接到策划编辑，成功率就会高很多。

第三类：特邀出版。

当作家的知名度非常高时，或者是一些粉丝量比较大的 IP 作者，就会有出版社的策划编辑来谈合作，这类特邀出版实际上就是符合市场需求的畅销书。2019 年，我的某位学生在百家号上取得了不错的成绩，最终成功出版了自己的图书。

IP 类写作的终极变现方向就是图书出版，不过对于大多数图文内容创作者来说，很难走到这一步，甚至连付费写作这一关都达不到，这也是很正常的，因为大部分创作者的资源、粉丝量、写作技巧、文笔不一样，对于写作的感悟能力也不一样。然而，作为写作者，终究要有一个写作梦，并愿意为梦想努力前行。

8.4 从公域到私域，IP 变现渠道详解

在 21 种写作变现模式中，IP 类写作变现最核心的内容是公域变现和私域变现。

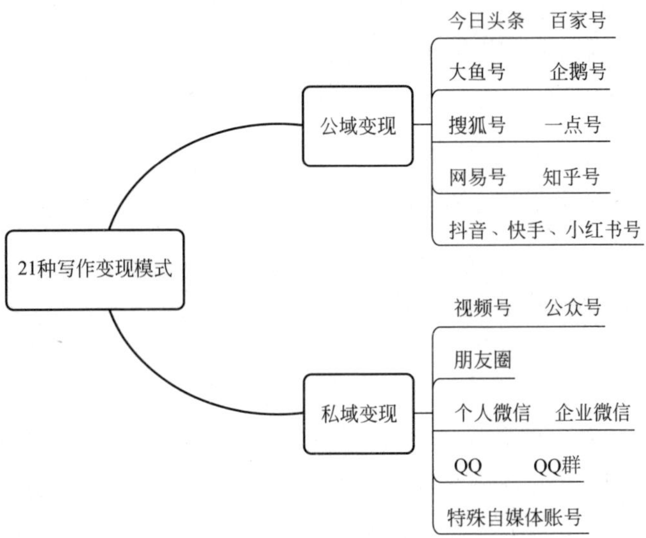

21 种写作变现模式中公域和私域分类

那么，公域和私域是如何区分的呢？最重要的一点在于公域无法做到实时、精确传递信息，而私域可以做到。比如无法在今日头条平台售卖“如何运营百家号”的课程，无法在快手平台讲“如何玩转抖音等自媒体平台”的课程，但可以在公众号、视频号、朋友圈、企业微信、个人微信、QQ 和 QQ 群中进行宣传推广。

接下来讲解 IP 变现中的公域渠道可进行交付的方式，见表 8-1。

表 8-1　IP 变现中的公域渠道可进行交付的方式

公域平台	方式一	方式二	方式三	方式四	方式五	方式六	方式七	方式八
今日头条	后台私信	付费专栏	精选联盟小店	评论区回复关键词				
百家号	后台私信	付费专栏	度星选小店	评论区回复关键词	粉丝群	后台关键词回复私信		
大鱼号	全网同名，引导用户关注其他平台账号							
企鹅号	全网同名，引导用户关注其他平台账号	后台私信						
搜狐号	全网同名，引导用户关注其他平台账号							
一点号	全网同名，引导用户关注其他平台账号							

续表

公域平台	方式一	方式二	方式三	方式四	方式五	方式六	方式七	方式八
网易号	全网同名，引导用户关注其他平台账号	后台私信						
知乎号	全网同名，引导用户关注其他平台账号	后台私信	简介挂载公众号	文章挂载 QQ 群专属链接				
抖音号	后台私信	付费专栏	抖音小店	评论区回复关键词	粉丝群	粉丝团	主页挂载微信号联系方式	企业端线索收集信息
快手号	后台私信	付费专栏	快手小店	评论区回复关键词	粉丝群	粉丝团	主页挂载微信号联系方式	企业端线索收集信息
小红书号	后台私信	付费专栏	千帆小店	评论区回复关键词	粉丝群	企业端线索收集信息		

成为 IP 博主，就可以通过上述自媒体平台来进行公域产品交付，这里的交付一般局限于 IP 类写作变现的 6 种写作模式，即付费专栏、付费咨询、数字人、剧本杀、诗歌散文和图书出版。

结合 8.3、8.4 两节的内容不难发现，即便创作者出版图书，或是做付费专栏也需要真人出镜进行产品的推广和营销。

在做内容推广和营销时，需要用到公域和私域两个渠道，接下来讲一下 IP 变现中私域渠道可进行交付的方式，见表 8-2。

表 8-2　IP 变现中私域渠道可进行交付的方式

私域渠道	方式一	方式二	补充
公众号	个人 / 企业微信收款	个人 / 企业支付宝收款	
视频号	个人 / 企业微信收款		
企业微信	个人 / 企业微信收款		
微信	个人 / 企业微信收款		
朋友圈	个人 / 企业微信收款		
企业 QQ			企业 QQ 需要付费，开通情况较为特殊，非特殊情况不建议使用
QQ	QQ 收款，微信收款		

从公域交付转移到私域交付的主要目的是什么呢？主要有三点。

1. 交付更加方便。我之前在某平台创作付费专栏时，曾经连续三周审核不通过，人工客服的回答是，因为课程中有美颜相机等内容教学，属于平台竞品，所以不予通过。如果通过私域进行内容交付就不会存在这种情况，只要讲的内容不违背公序良俗，能给读者带来一定的认知感触即可，不需要考虑创作的内容是否属于竞争平台内容。

2. 交付效率更高。在各大平台交付产品时，尤其是 IP 类写作的产品，会遇到一个尴尬问题，平台给予的流量是不确定的，能从平台获得的推荐流量也是不确定的，两方面都不确定的前提下，创作内容越多带来的实际效益往往越低。而引导用户进入私域后，就不存在上述问题，交付效率也会更高。

3. 方便打造其他 IP 类产品。IP 的好与坏在很大程度上看两个指标，一个是公域的粉丝指标，另一个是私域的粉丝指标，这两个指标缺一不可。只要私域群体足够多，就意味着接下来往其他方向做拓展、做裂变的优势很大。

第9章

人工智能的辅助功效，让你的写作之路事半功倍

在2023年2月份时，人工智能就已经席卷全球，截至我写本书时已经过去了一年的时间，在这一年时间里，国内和国外的人工智能早已经发生了翻天覆地的变化。毫不夸张地讲，人工智能已经触及了我们生活中的方方面面。在写作过程中也可以巧妙借助人工智能协助我们进行内容创作。这就涉及两个问题，也正是本章我们将要重点讲到的内容。

人工智能辅助写作

9.1 人工智能软件的选择

提到人工智能，人们会很自然地想到ChatGPT，然而目前国内的人工智能模型，在文字内容创作板块，可以说已经非常出色，尤其是在某些特定的语言情境中，文心一言和讯飞星火两个模型要远优秀于 ChatGPT。此外，ChatGPT 在使用方面存在诸多门槛和限制，所以在人工智能软件的选择方面，我推荐使用文心一言和讯飞星火两款软件。当然，读者还可以使用其他人工智能软件，找到适合自己的那一款。

关于我推荐的这两款人工智能软件，有人认为文心一言好用，也有人认为讯飞星火认知大模型更好用。在我们团队过去一年的实操对比中，更倾向于使用文心一言，所以本章将会统一使用文心一言进行图文内容创作。

我们在电脑端检索“文心一言”进入官网，输入手机号获取验证码即可一键登录。

在文心一言的主界面有文心大模型 3.5 和文心大模型 4.0，这两款模型我们都测试过，在做基础的图文内容时相差不大。对于普通图文内容创作者来说，使用 3.5 的版本足够了。

文心大模型页面展示

点击文心一言右上方“一言百宝箱”，可以在不同情景下使用文心一言的不同模块。

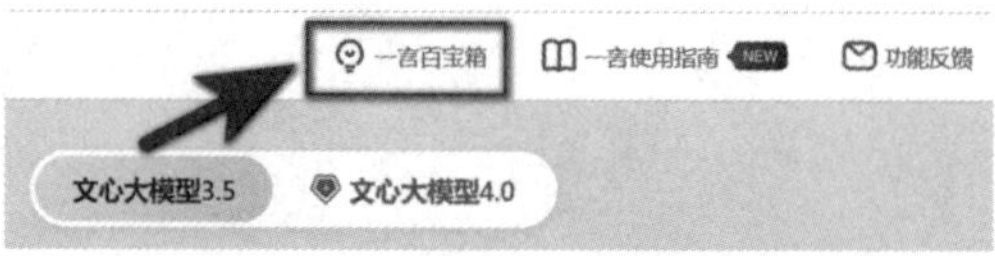

一言百宝箱页面展示

我们以产品描述为例，在一言百宝箱右侧的输入栏中检索产品描述，点击找到的指令。

一言百宝箱操作展示

在该界面处会出现一段对话，我们在不改变该对话的基础上，直接点击“生成”来查看一下。

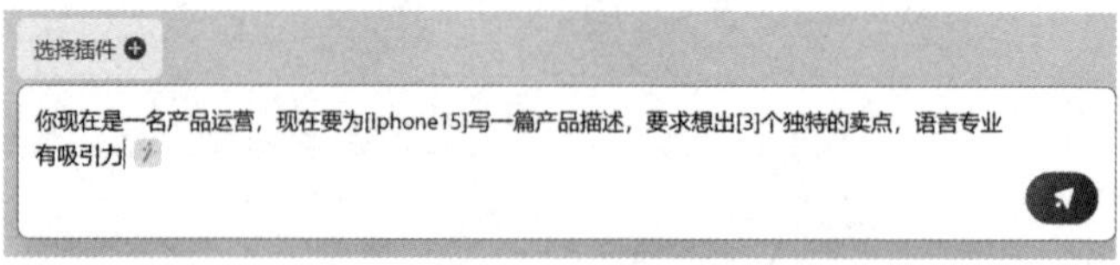

操作步骤展示

点击右下角小箭头，其输出内容如下：

产品名称：iPhone15

一、产品描述

iPhone15，再次定义智能手机的未来。作为全球领先的科技品牌，我们始终秉持着创新、卓越和用户至上的理念，为您带来前所未有的使用体验。这款全新旗舰产品，融合了尖端科技与人性化设计，让您在享受科技带来的便捷的同时，充分展现自我风格。

二、卖点一：超前的技术革新

iPhone15 搭载了最新的 A18 芯片，拥有更强大的处理能力和更低的功耗，无论是游戏、工作还是娱乐，都能轻松应对。同时，全新的 iOS 系统将带来更流畅、更智能的使用体验。此外，我们还首次引入了 5G+ 网络技术，让您在享受高速网络的同时，畅享更多的可能性。

三、卖点二：突破性的设计美学

iPhone15 的设计理念源于自然，流线型外观搭配精选材质，不仅轻盈而且坚固耐用。我们独家研发的超级 Retina XDR 显示屏，具有更高的色彩还原度和更低的反射率，为您呈现清晰、逼真的视觉效果。此外，iPhone15 还拥有更大的屏幕和更薄的机身，让您的使用体验更加舒适。

四、卖点三：全方位的智能生态

iPhone15 不仅仅是一部手机，更是您生活的智能助手。通过与 Apple Watch、AirPods 等设备的无缝连接，实现更多智能功能。无论是健康监测、语音助手 Siri 还是智能家居控制，iPhone15 都能为您提供全方位的服务，让您的生活更加便捷、高效。

我们将输入内容作微调，如下：

你现在是一名产品运营，现在要为 [华为 mate60 pro] 写一篇产品描述，要求想出 3 个独特的卖点，语言专业有吸引力。

文心一言输出：

产品名称：华为 Mate60 Pro

一、产品描述

华为 Mate60 Pro，是华为倾力打造的全新旗舰智能手机。凭借其卓越的性能、创新的技术和独特的设计，华为 Mate60 Pro 为全球消费者带来前所未有的手机使用体验。作为华为的代表作，华为 Mate60 Pro 不仅继承了华为一贯的精工品质，更在多个方面实现了重大突破。

二、卖点一：超感知镜头系统

华为 Mate60 Pro 搭载了一套超感知镜头系统，拥有前所未有的拍照能力。主摄像头采用了超清传感器和光学防抖技术，无论是广阔的风景还是微距的细节，都能捕捉得淋漓尽致。此外，华为 Mate60 Pro 还配备了超广角镜头和长焦镜头，无论是广阔的视野还是远处的景物，都能轻松收入囊中。

三、卖点二：超长续航能力

华为 Mate60 Pro 配备了一块超大容量的电池，同时搭载了华为最新的节电技术和充电体验。无论是长时间的工作、娱乐还是出差旅行，华为 Mate60 Pro 都能保证您无须担心电量问题。而且，华为 Mate60 Pro 还支持快速充电技术，短时间内就能充满电，让您随时随地畅享手机的便利。

四、卖点三：超快 5G 网络速度

华为 Mate60 Pro 支持最新的 5G 网络技术，让您在享受高速网络的同时，畅享更多的可能性。无论是下载大型文件、在线视频会议还是高清视频流媒体，华为 Mate60 Pro 都能轻松应对。而且，华为 Mate60 Pro 还支持全球多个频段，让您在海外旅行时也能保持畅快的网络连接。

9.2　如何利用人工智能进行图文创作?

在借助人工智能创作某些题材的选题时方法相差不大，所以为了便于理解，我将 21 种写作变现模式分成了九类。

第 1 类，流量类中的流量文、投稿、短故事、征文。

利用“五个一”模板进行讲解（一个破题点 + 一个故事场景 + 一个网友评论 + 一个内容延伸 + 一个总结）。

假定内容选题为：《老旧小区安装电梯，为什么 1 楼 2 楼住户不愿意？》

接下来做数据投喂，这一步至关重要，所谓的数据投喂是我们按照所要输入的相关信息，对人工智能补充、投喂，以便于其生成文章。

我们对公式中的关键信息补充、投喂如下内容：

一个破题点：某老旧小区安装电梯起争执。

一个故事场景：1 楼的大爷不同意安装电梯，与楼上邻居吵得热火朝天。

一个网友评论：网友表示，不能站在道德高地指责 1 楼大爷，因为安装电梯对 1 楼的损失会更高一些。

一个内容延伸：安装电梯会影响到 1 楼的采光、增加噪音，同时对 1 楼来说房屋价值相对贬值，所以 1 楼大爷表示反对。

一个总结：老旧小区想要安装好电梯就要完成邻里间的利益协商，毕竟当初 1 楼住户购买房子时，价格要比其他楼层高了不少。如果只想通过少数服从多数、高楼层住户施压来实现电梯安装，恐怕难以成功。

对文心一言输入：

请针对上述内容，帮我生成一篇新媒体爆款文章，要求满足故事体结构模板。

文心一言输出：

一楼大爷的坚持：老旧小区电梯安装背后的利益纷争

在繁忙的都市中，一个不起眼的老旧小区正上演着一场关于电梯安装的争议。这里的故事，不仅仅关乎便利与落后，更是一场关于邻里关系、利益平衡与情感纠葛的较量。

故事的主角，是一位年近七旬的一楼大爷。当小区其他楼层的居民们热议着安装电梯，期待告别爬楼之苦时，大爷却坚决反对，与楼上邻居的争执愈演愈烈。一时间，这个安静的小区仿佛成了舆论的漩涡。

网友们纷纷表示，不能站在道德高地指责大爷。毕竟，安装电梯对于一楼居民来说，损失可能会更高一些。电梯井道会占据一楼原本就不宽敞的空间，影响采光和通风；电梯运行时的噪音，也会给原本宁静的生活带来困扰。更重要的是，从房产价值角度看，安装电梯后的一楼房屋相对贬值，这对于大爷来说，无疑是一笔不小的损失。

然而，对于许多高层住户来说，电梯的便利性是他们无法忽视的。他们渴望通过安装电梯，改善居住环境，提高生活质量。但在这个问题上，他们似乎忽略了一楼大爷的切身利益，只是一味地强调自己的需求和权益。

面对这样的局面，我们不禁要问：在追求现代化便利的同时，我们是否应该更多地考虑邻里间的利益平衡？是否应该尊重每一个人的合理诉求，而不是仅仅通过多数人对少数人的施压来实现自己的目的？

在这个老旧小区里，电梯安装的问题不仅仅是一个简单的技术问题，更是一个考验邻里关系、情感沟通和利益协商的社会问题。只有通过充分沟通、理性协商和相互理解，才能找到既能满足大多数人需求，又不损害少数人利益的解决方案。

故事的最后，我们希望这个小区能够找到一条既能改善居民生活，又能维护邻里和谐的可行之路。这不仅仅是为了安装一部电梯，更是为了维护那份珍贵的邻里情谊和社区和谐。

第 2 类，流量类中的免费网文、付费网文。

人工智能对于网文能起到的辅助作用，一般在于提供灵感与合适的词汇。创作者很难让人工智能完成一篇网文的写作，就算写出来，也几乎没有市场，但人工智能却可以为创作者提供灵感。

对人工智能输入如下信息：

我准备写一本小说，有关科幻、悬疑、脑洞，请你帮我提供两个灵感，且在这两个灵感的后面，添加简短的解释说明。要求：具备可读性，同时满足小说的商业性。

文心一言输出：

灵感一：时间循环中的犯罪追踪

简短解释：

在一个科技高度发达的城市，警方利用最新研发的时间循环技术，来追踪一名连环杀手。每当杀手作案，警方就能通过时间循环回到案发前，试图阻止犯罪发生。然而随着调查的深入，警方发现杀手似乎也能预知未来，并在每次循环中改变策略。这场猫鼠游戏不仅考验警方的智慧，也揭示了时间循环技术背后可能带来的伦理危机。

商业性解读：

时间循环与犯罪追踪的结合，既满足了读者对悬疑推理的喜爱，又加入了科幻元素，增加了故事的吸引力。同时，探讨时间旅行与伦理道德的冲突，为故事增添了深度和讨论价值，有助于提高小说的市场影响力。

灵感二：星际殖民地的秘密

简短解释：

在遥远的未来，人类已经成功殖民多个星球。一名年轻的探险家因为一次意外，发现了一个被遗忘的星际殖民地，里面保存着关于地球起源和人类命运的秘密。随着探险家逐渐揭开这个秘密，他发现了一个庞大的阴谋，这个阴谋可能影响到整个人类文明的存亡。

商业性解读：

星际殖民地的设定充满了未知和神秘，能够激发读者的好奇心和探索欲。同时，结合地球起源和人类命运的宏大主题，使得故事不仅具有娱乐性，还具有思考人类未来的深刻内涵，符合商业市场中追求深度和广度的需求。

第 3 类，流量类中的图文带货，付费类中的拆书稿、荐书稿、软广、硬广。

人工智能自带“肌肉记忆”，可以帮助创作者解决与图文带货相关联的很多问题，在调试人工智能时，只需对其输入，帮我生成关于某某某的种草文案即可。

对文心一言输入：

我准备出版一本书《用一年时间，写出好作品》，这本书重点讲解了如何通过一年时间，在做好充分准备的前提下，写出好作品，拿到好成绩，请帮我生成一篇小红书种草文案。

文心一言输出：

《用一年时间，写出好作品》——文学爱好者的秘密武器！

嘿，小红书的朋友们！今天我要给你们分享一本超赞的书——《用一年时间，写出好作品》！这本书是每一个文学爱好者的秘密武器，无论你是初涉写作的新手，还是希望提升写作技巧的老手，它都能为你提供宝贵的帮助。

在这本书中，作者详细解析了如何通过一年的时间规划，做好充分准备，最终写出令人称赞的好作品。它涵盖了从选题构思、素材收集、大纲制定，到文字打磨、修改润色等各个环节，帮助你打造出一部精彩绝伦的作品。

特别值得一提的是，书中还分享了许多实用的写作技巧和心得，让你在写作过程中少走弯路，更快地提升写作水平。无论你是参加文学比赛，还是希望出版自己的作品，这本书都能为你提供有力的支持。

作为一名文学爱好者，我深感这本书的价值。它让我更加明确了写作的目标和方向，也让我在写作过程中更加得心应手。如果你也渴望写出优秀的作品，那么这本书绝对值得一读！

用一年时间写出好作品 # 文学爱好者 # 写作技巧 # 书籍推荐 # 小红书种草

第 4 类，流量类中的图文转视频。

借助上文人工智能生成的案例，并将其填入到百家号的 AI 成片中，在百家号 AI 成片的左下方有 AI 润色。

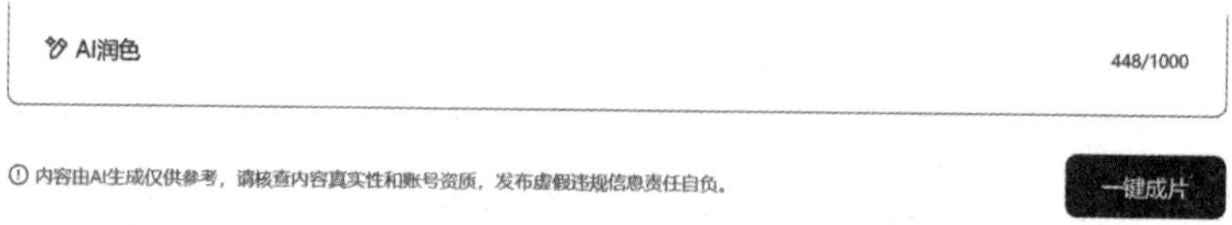

点击选中 AI 润色后，百家号 AI 成片会将我们生成的内容做调试，使其更符合图文成片。

生成内容如下：

《用一年时间，写出好作品》——让你告别写作迷茫，提升文笔质量!

亲爱的文学爱好者们，你是否曾为如何写出好作品而苦恼？现在，我要给你们介绍一本神奇的书——《用一年时间，写出好作品》！这本书不仅可以帮助你规划一年的写作旅程，还涵盖了从选题构思到修改润色的全过程。

在这本书中，作者为你提供了实用的写作技巧和心得，让你在写作过程中少走弯路。无论你是想参加文学比赛还是希望出版自己的作品，这本书都能为你提供有力的支持。不仅如此，它还能让你更加明确写作的目标和方向，让你的写作更加得心应手。

这本书的优点实在太多了，我强烈推荐每一个文学爱好者都来读一读！如果你也渴望写出优秀的作品，那么这本书绝对值得你拥有。现在就来下单吧，让我们一起开启写作的新篇章！

用一年时间写出好作品 # 文学爱好者 # 写作技巧 # 书籍推荐 # 小红书种草

之后我们可以点击人工智能右下方的一键成片功能来生成视频。

第 5 类，付费类中的影评文案、宣传稿。

影评文案的撰写公式：开场白 + 引入背景 + 情节概述 + 角色分析 + 主题与深度 + 技术层面 + 个人观点与情感反应 + 结论与推荐 + 结尾

对文心一言补充关键信息如下：

请帮我生成一篇关于电视剧《西游记》的影评文案

开场白：《西游记》在我国乃至全球都广受欢迎，是经典之作。

引入背景：《西游记》是四大名著之一。

情节概述：大唐高僧唐玄奘西天取经，经历九九八十一难的故事。

角色分析：孙悟空和唐三藏两个人物所占戏份最多，在西天取经任务中也是出力最多的。

主题与深度：在取经路上互相协作，共同克服困难，才能够取经成功。

技术层面：当时拍摄条件相对艰苦，用最普通的设备拍出了最精彩的剧情。

个人观点与情感反应：这部电视剧展现了中国古典文化的魅力。

结论与推荐：其极具文学价值和艺术价值，影响深远。

结尾：大家如果感兴趣的话，可以去观看一下。

文心一言输出：

《西游记》电视剧：古典文化的魅力与团队协作的力量

《西游记》电视剧，无疑是中国乃至全球电视剧领域的经典之作。这部根据四大名著之一《西游记》改编的电视剧，凭借其深厚的文化底蕴和精彩的剧情，吸引了无数观众的喜爱和追捧。

故事以大唐高僧唐玄奘西天取经的历史背景为基础，巧妙地融合了丰富的神话和传说元素，构建了一个充满奇幻色彩的取经世界。在这个世界里，孙悟空、唐三藏、猪八戒和沙僧四位主角，各自扮演着不可或缺的角色，共同经历了九九八十一难，完成了看似不可能完成的任务。

其中，孙悟空和唐三藏两个人的塑造尤为出彩。孙悟空作为一位拥有神奇力量的猴子机智勇敢，多次在危难之中拯救了整个团队。而唐三藏则以其坚定的信仰和慈悲为怀的品质，成了整个团队的灵魂人物。他们之间的师徒情深，也是这部电视剧中最为动人的部分之一。

除了人物塑造外，这部电视剧在团队协作方面也做得非常出色。在取经路上，四位主角虽然性格迥异，但他们总是能够相互协作，共同面对各种困难和挑战。这种团结协作的精神，不仅是他们最终取得成功的关键，也是我们现实生活中应该学习和借鉴的。

值得一提的是，这部电视剧在当时的拍摄条件下，用最普通的设备拍出了最精彩的剧情。这不仅体现了导演和演员们的精湛技艺，更展现了他们对中国古典文化的深厚情感和热爱。

总的来说，《西游记》电视剧是一部充满古典文化魅力的作品，它以其独特的叙事方式、精彩的人物塑造和深入人心的主题，赢得了观众的喜爱和尊重。同时，它也为我们展示了团队协作的力量和坚持信念的重要性。如果你还没有观看过这部电视剧的话，那么我强烈推荐你去观看一下，相信它一定会给你带来不一样的视听体验和心灵震撼。

第 6 类，IP 类中的付费专栏、付费咨询。

付费专栏和付费咨询一般以创作者为主导，人工智能可参与的空间极低，但我们可以对人工智能进行反向提问，例如对文心一言输入：

我准备做一套付费专栏，重点教大家如何通过写作的方式来变现，假定你现在就是读者，请问你对写作变现最关心的问题是什么？请列举出3点。

文心一言输出：

作为一名潜在的读者，我对通过写作变现的付费专栏最关心的3个问题可能包括：

1. 具体的写作变现策略：我希望能了解如何通过写作赚取收入的具体方法。这可能包括不同类型的写作任务（如文章、广告文案、产品描述等）的报酬如何？以及如何找到这些写作任务？

2. 提升写作技能的实用技巧：我相信写作技能对于变现至关重要。因此，我希望这个专栏能提供关于如何提升写作技巧的具体建议，比如如何构思文章、如何更有效地表达思想、如何改进语法和拼写等。

3. 写作市场的现状和前景：我想了解当前的写作市场状况，包括需求、竞争情况、报酬水平等。同时，我也希望了解写作市场的未来发展趋势，以便我能做出更明智的职业规划。

以上三个问题是我作为读者，在考虑是否购买这个付费专栏时最可能关心的问题。如果你能在这三个方面提供有价值的信息和建议，我相信这个专栏会吸引很多潜在的读者。

第7类，IP类中的数字人。

读者直接检索腾讯智影等数字人软件即可，但是该类人工智能市场价格普遍偏高，建议大家慎重考量。

第 8 类，IP 类中的剧本杀。

剧本杀借助人工智能创作，可以给创作者提供灵感，但具体创作逻辑复杂且需要具备趣味性、可读性，很难借助人工智能进行批量创作。

对文心一言输入：

我准备写一个欢乐剧本杀稿件，请帮我提供灵感。要求玩家人数为 10 人，时代背景为现代都市，围绕主题为拆迁。游戏规则为谁的拆迁金额越高，谁将获胜。

文心一言输出：

都市拆迁大亨

背景设定：

在现代都市的繁华背后，一座老旧的居民区即将迎来拆迁。这片区域居住了多年的居民们，因拆迁而各自心怀鬼胎，想要通过拆迁款一夜暴富。十位居民因拆迁而聚集在一起，他们之间的笑料、误会和勾心斗角将成为这场欢乐剧本杀的核心。

人物角色：

1. 张大妈：居民区的老大妈，心地善良但爱占小便宜，对拆迁款抱有极大期望。

2. 李老板：在居民区附近经营小店的老板，企图通过拆迁款扩展生意。

3. 王小明：年轻有为的创业者，希望在拆迁后在这片土地上开展新项目。

4. 赵阿姨：爱打扮的时尚阿姨，想用拆迁款实现自己的时尚梦想。

5. 陈老师：退休的老教师，对居民区有着深厚的感情，希望拆迁款能用于教育事业。

6. 孙大爷：老顽童般的大爷，想要用拆迁款环游世界。

7. 周小姐：房地产公司的谈判代表，负责和居民们谈拆迁款。

8. 吴律师：负责拆迁事宜的律师，对法律条款了如指掌。

9. 郑警察：负责拆迁现场的治安维护，对居民们的矛盾纠纷也了如指掌。

10. 钱总：房地产公司的大老板，对拆迁项目有着极高的期望。

游戏流程：

拆迁谈判：玩家需要分别扮演居民和拆迁方，进行激烈的拆迁款谈判。

线索搜集：玩家需搜集关于拆迁款分配、居民关系、地产价值等线索。

任务挑战：玩家需要完成一系列与拆迁相关的任务，如模拟谈判、解决居民纠纷等。

拆迁金额竞猜：玩家根据自己的线索和推理，竞猜最终的拆迁金额。

欢乐对决：玩家之间可以进行欢乐的对决，通过投票或辩论等方式决定拆迁金额的分配。

特色元素：

拆迁谈判模拟：玩家可以模拟真实的拆迁谈判场景，体验唇枪舌剑的乐趣。

角色互动：玩家需要与其他角色进行互动，通过对话和线索搜集来推进游戏进程。

欢乐对决：游戏充满欢乐和竞争，玩家需要充分发挥自己的智慧和策略，争取获得更高的拆迁金额。

这个欢乐剧本杀稿件以现代都市的拆迁为背景，围绕拆迁金额展开激烈的竞争和欢乐的对决。玩家需要在谈判、线索搜集和任务挑战中充分展现自己的智慧和策略，最终争夺拆迁大亨的称号。这将是一场充满欢乐和刺激的推理盛宴。

第 9 类，IP 类中的诗歌散文、图书出版。

诗歌散文和图书出版，因创作难度极大，通过人工智能进行创作的可行性较小，所以在此不做过多讲解。

9.3　人工智能使用过程中的三类风险项

一些读者会认为人工智能创作的内容还不错，无论其质量还是生成内容的速度都远超过普通内容创作者，是否意味着绝大多数内容都可以借助人工智能完成呢？答案是否定的。

人工智能生成的内容往往存在 3 个问题：没有情绪，没有逻辑，内容雷同。

这也是为什么在 2023 年的 8 ～ 12 月份，某些平台大面积封禁账号的原因，因为一些自媒体博主在创作图文内容时完全依赖人工智能生成，不做任何修改。这种创作逻辑是非常危险的，因为人工智能在创作内容的过程中，很容易出现上述 3 个问题。

某些内容的情景可描述的空间就这么大，人工智能在生成内容时又无法查重，很容易被平台判定复制抄袭。一次复制抄袭扣 20 分，部分平台连续三次复制抄袭将会永久封禁账号。

无论如何，完全借助人工智能进行创作既没流量市场，同时也会给个人账号带来极大危险。我总结了人工智能在使用过程中可能出现的三大风险项。

1. 原创度。人工智能在生成内容的过程中是无法保证百分百原创的，因为人工智能输出的底层逻辑以及后台算法等各种原因纠结在一起，会导致我们对人工智能提出一个相对简单的问题时，有一定概率会得到和别人极其相似的答案。而这些重复或极其相似的答案，一旦被某位创作者率先使用，其他人再用也就不再是原创内容了。

2. 真实性。人工智能在创作娱乐选题、热点选题、时事选题以及当下阶段爆火的选题时，无法保证其输出内容的准确性、真实性。为什么会出现这种情况呢？因为人工智能对于热点事件的迭代速度极慢，这就意味着人工智能生成的这些内容是不具备真实度的。用来编写一些故事体小作文没有问题，但用于其他题材的内容创作难度极大。

3. 逻辑性。人工智能生成的很多内容并不具备逻辑性，甚至连最基本的“因为，所以”都会出现逻辑错误，这是因为人工智能的发展尚不完善，短期之内该问题并不容易解决。

综上所述，在运用人工智能生成相关图文内容时，的确可以帮助创作者节省大量的时间、精力，但一定要小心规避现阶段的弊端，写作变现仍然是以人为主的，人工智能起到的只能是辅助作用而已。

终章

写作，远不只是写作本身

兜兜转转，这本书到了结束的时候。在过去10年的时间里，我一直从事写作工作，而10年中又有一半以上的时间从事写作教学，夜深人静之际，我也曾陷入迷茫，我教写作的目的是什么？到底是让学员有获得兼职变现的机会？还是让学员写出具备正能量的作品？抑或是让学员担负起应有的责任和义务？

“大抵是我全都想要。”

既希望学员们通过写作变现，同时我又迫切地希望学员在写作时不能只想着变现。如果最终培养出来的只是这样的创作者，那我宁肯不写这本书。

让文字更有魅力，写出属于自己的作品。

写作，不仅仅是写作，

而更应该给岁月赋能，为梦想掌灯。

我们所做的，远不是写作本身！